AF591012

AMELIE,

ROMAN

DE MR FIELDING.

SECONDE PARTIE.

AMÉLIE,
ROMAN
DE MR FIELDING,

Traduit de l'Anglois

Par M^dme *RICCOBONI*.

SECONDE PARTIE.

A PARIS,
Chez BROCAS & HUMBLOT, Libraires, rue S. Jacques, entre la rue des Mathurins & S. Benoît, au Chef S. Jean.

M. DCC. LXII.

Avec Approbation & Privilege du Roi.

AMÉLIE,

ROMAN

DE M. FIELDING.

NOUS avons laiſſé Miſs Matheus dans un fauteuil, Monſieur Fenton aſſis près d'elle, le Concierge debout, faiſant des repréſentations ſur l'heure indûe, la néceſſité de fermer les portes, de prévenir par cette ſage précaution les complots que pourroient former des priſonniers mal intentionnés pour le gouvernement de la maiſon, les aſſemblées de nuit étant ſouvent dangereuſes & toujours défendues. J'aime aſſez, dit Miſs Matheus, que vous traitiez d'aſſemblées , & d'aſſemblées dangereuſes , l'entretien paiſible de deux perſonnes qui ne ſongent point à troubler l'enfer , que vous nommez maiſon. Quels complots ſeroient à craindre de notre part? ne ſommes-nous pas enfermés? Vous l'êtes à un tour , répondit le Concierge ; Madame doit ſavoir que cela ne ſuffit pas. Eh bien , dit-elle , fermez-en deux & nous laiſſez tranquilles. Oh , reprit-il , cela ne s'arrange pas ainſi. Il y a une grande différence du jour à la nuit. Oui , cela eſt prouvé , dit Monſieur Fenton. Madame voit que je n'avance rien de faux, pourſuivit le Concierge. Quand un beau Gentilhomme & une jolie Dame veulent être dans la même chambre pendant le cours de la journée, on ferme un tour, rien n'eſt plus ſimple ; mais à onze heures du ſoir il faut en fermer deux, & le ſecond tour devient difficile en diable. Les ſerrures de Newgates ne ſont point à reſſorts comme celles des cabinets de la ville. Nous avons des pênes ſi durs, ſi rudes; on ne les meut qu'avec une force ſupérieure.

Pendant qu'il parloit, Miſs Matheus & Monſieur Fenton tenoient tout bas un petit conſeil. Il s'en apperçut, & continuant: Aſſurément, dit-il, je ne ſuis pas ſoupçonneux. Madame eſt une perſonne d'honneur, je le ſçais; moi ; mais tout le monde ici n'en porteroit peut-être pas le même jugement. Il faut ménager les eſprits foibles, toujours prêts à ſe ſcandaliſer. Je ne ſuis pas pourtant ſans complaiſance; j'ai vû le monde, je connois ſes uſages, & ſçais auſſi bien fermer les yeux que les portes; mais le bon ordre, l'exactitude, mon devoir...... Me ferez-vous dormir malgré moi, interrompit Miſs Matheus? parlons ſenſément. Si je vous demande une jatte de punch, ne me la donnerez-vous pas? Vous l'aurez dans l'inſtant, dit-il. Et ſi Monſieur Fenton & moi préférons au ſommeil le plaiſir de nous entretenir une partie de la nuit, pourquoi nous priveriez-vous de cette légere ſatisfaction? Suppoſons, Madame, dit le Concierge, que je manque à mon devoir, quelle raiſon me dirai-je à moi-même, qui puiſſe autoriſer cette prévarication? La certitude de m'avoir obligée ſera votre excuſe, reprit-elle, en lui mettant deux guinées dans la main. Le Concierge fit une révérence, appella, demanda du punch, des lumieres, dit à ſes gens de ſe retirer. Prêt à ſortir il revint ſur ſes pas : on écrira le punch & les bougies ſur le mémoire, Madame, dit-il; autrement il reſteroit ſi peu........ Oui, s'écria Miſs Matheus, écrivez tout ce qu'il vous plaira. Il partit, tira la porte, & la rouvrant d'abord: Madame ſe ſouvient apparemment, dit-il encore, du ſujet de ſa détention; je la prie de ſonger.... A quoi, demanda Miſs Matheus? Mon deſſein n'eſt pas d'offenſer, reprit-il : M. Fenton me paroit un Cavalier trop poli pour mettre une Dame en colere ; cependant s'il arrivoit.... Madame eſt ſans armes, je crois?....... pourtant s'il arrivoit un malheur, je ſerois perdu. La vie de ce Gentilhomme eſt ſous ma garde. J'eſpere que Madame aura attention à cela. Monſieur Fenton ſe mit à rire, & raſſura le Concierge ſur ſes craintes. Miſs Matheus lui promit, en riant auſſi, de ne point ſe fâcher par égard pour lui. Monſieur Fenton eſt mon ancien ami, lui dit-elle ; il a la bonté de me rendre compte de pluſieurs événemens qui m'intéreſſent ; j'aurois un chagrin véritable d'en interrompre la ſuite, & je vous proteſte que votre complaiſance m'enchante. Alors le Concierge leur ſouhaita le bon ſoir, ſortit, & fit enfin entendre ces deux tours, ſi difficiles à fermer.

On s'étonnera peut-être qu'une hiſtoire ſi peu intéreſſante, inſpirât tant de curioſité à Miſs Matheus, la portât à veiller toute la nuit pour l'entendre ; mais elle eſtimoit beaucoup Monſieur Fenton, elle l'avoit aimé, il étoit beau comme un ange : le ſon d'une voix douce, harmonieuſe, un ſouris fin & tendre, mille graces répandues ſur ſon viſage & autour de ſa bouche, donnoient un charme attrayant à ſes moindres paroles. Comme on a pu voir, il ne contoit pas mieux qu'un autre, mais il plaiſoit davantage. A la longue pourtant tout fatigue, tout ennuie ; Miſs Matheus ceſſa d'être attentive, au-moins je le préſume. Je ne ſçais ſi elle s'endormit, n'écouta point, entendit mal ; mais le lendemain, après avoir pris ſon thé, elle pria Monſieur Fenton de pourſuivre ſon récit ; & ſoit oubli, diſtraction, ou qu'il eût le défaut de ſe répéter, il le reprit préciſément à l'endroit où le Concierge étoit venu l'interrompre la veille.

Mon billet avertiſſoit Amélie, dit-il, qu'elle me trouveroit à Turnham-gréen. J'y arrivai deux heures avant celle où Miſtriſs Harris devoit s'y rendre. Cinq guinées engagerent le Jardinier à me ſervir. Il me montra une petite porte qui donnoit ſur le grand chemin. Il la laiſſa fermée ſeulement aux verroux, afin que je puſſe fuir ſi on me découvroit. Enſuite il me conduiſit à l'orangerie, où il me cacha derriere de grandes caiſſes. J'écrivis ſur mes tablettes le lieu où il venoit de me placer, & le chargeai de les donner à la femme-de-chambre d'Amélie à l'inſtant où les Dames arriveroient; il me le promit & me tint exactement parole.

J'attendis long-tems avec crainte, avec impatience, agité de mille inquiétudes, attentif au moindre bruit, troublé, ému par le ſouffle même du vent. Enfin j'apperçus la maîtreſſe de mon ame; elle venoit à pas lents le long d'une paliſſade, s'appuyoit ſouvent contre les arbres, ſe tournoit en arriere, jettoit de tous côtés ſes regards, quelquefois s'arrêtoit d'un air effrayé. Je courus à ſa rencontre, je la pris dans mes bras. Elle étoit tremblante, éperdue, ſe ſoutenoit à peine; elle ne pouvoit parler: ma vûe fit couler ſes larmes, & la ſienne ferma toutes les bleſſures de mon cœur.

O mon aimable, ma chere Amélie, lui dis-je, vivrons-nous ſéparés? m'abandonnerez-vous? un autre poſſedera-t-il un bien ſi précieux, un bien qui me fut promis? eſt-ce vous qui me le raviſſez? Amélie conſent-elle à me rendre le plus malheureux des hommes? Ah comment, comment avez-vous pu laiſſer paſſer tant de jours, tant d'heures, de momens, ſans me donner une ſeule preuve de vos bontés? pas une marque d'amitié, de compaſſion, de tendreſſe, de ſouvenir au moins! eſt-ce ainſi que l'on aime!

Ne m'accablez point par ces cruels reproches, s'écria la tendre fille: gênée, obſervée, paſſant les jours & les nuits dans l'appartement de ma mere, liée par un ſerment qu'elle avoit exigé, je ne vous ai point écrit, mais je brûlois du deſir de vous écrire. J'ai gardé le ſilence, mais je me ſuis occupée de vous. Je me taiſois, mais je vous aimois. Ah, je vous aime encore. Moi, Jemmy, moi vous rendre malheureux! je me haïrois, je vous fuirois ſi je me croyois deſtinée à élever un ſeul ſentiment de douleur dans votre ame. Ingrat, vous ne connoiſſez pas le cœur qui s'eſt donné à vous: non, vous ne le connoiſſez pas, puiſque vous oſez l'accuſer de froideur.

Je tombai à ſes genoux ; je pris ſes mains, je les baiſai avec ardeur. Pardonnez-moi, ma chere Amélie, pardonnez-moi, lui répétoi-je, vous ne ſavez pas combien ces doutes m'ont affligé. Ils ſont diſſipés ; un regard de ces yeux charmans a déjà ramené la confiance au fond de mon cœur, & fait renaître ma joie ; mais qu'ordonnez - vous à votre amant, que deviendra-t-il ? Il attend la vie ou la mort à vos pieds. Qu'oſerez-vous pour lui ? Tout, dit-elle, d'un ton ferme. Je ſuis à vous par mon choix, par le conſentement que nous avoit accordé ma mere, par l'approbation d'un parent que je reſpecte. Ma mere a changé ; mais mon cœur eſt toujours le même. Je le dis, je le promets, je le jure, je veux être à vous, je ſerai à vous. Oui, mon cher Jemmy, j'y ſerai. A préſent parlez, qu'exigez-vous? que puis-je faire? je ſuis prête à tout entreprendre pour vous conſerver les droits que ma volonté, mon eſtime & ma tendreſſe vous donnent ſur moi.

Eh bien, dit Miſs Matheus, je n'aurois jamais ſoupconné la reſervée, la tendre, la délicate Amélie, de cette vivacité, de cette réſolution. O ces douces & timides créatures! quand l'amour les anime, elles deviennent courageuſes, intrépides; leur fermeté ſurprend. *Prête à tout entreprendre*, elle! Amélie! Mon ami, cette converſation promet.

A peine commençois-je à lui répondre, à m'expliquer, pourſuivit

Monſieur Fenton, qu'un bruit confus de voix ſe fit entendre dans l'éloignement. Je ſuis perdue, s'écria Amélie : j'avois prié ma mere de me permettre d'aller prendre un peu de repos ; ſon inquiétude l'aura conduite à mon appartement, & pour comble de malheur, vos tablettes ſont reſtées ouvertes ſur ma table. Ma mere va nous ſurprendre ici. Fuyez vîte, au nom du ciel, mon cher Jemmy, évitez ſa préſence & ſa colere ; épargnez-moi la douleur de l'entendre vous parler avec dureté.

Que je fuye, ma chere Amélie, que je conſente à vous quitter ? Ah je ne fuirai point ſans vous. Si vous m'aimez, prouvez-le moi, oſez me ſuivre. Venez, profitons d'une occaſion qui peut-être ne s'offrira plus. Le Docteur Harriſon nous unira ; il obtiendra votre grace & la mienne d'une mere qui vous aime, m'eſtime ; elle eſt bonne, elle nous pardonnera, nous ſerons heureux. En parlant je la conduiſois vers la porte. Elle héſitoit, joignoit les mains, levoit les yeux au ciel, ſoupiroit ; mais à la ſeule idée de ſe voir arrachée de mes bras, expoſée aux reproches d'une mere irritée, aſſujettie à ſon pouvoir, de ſe trouver captive & forcée à recevoir la main de Milord Nesbit, elle ſentit renaître tout ſon courage. Fuyons donc enſemble, mon cher Jemmy, s'écria-t-elle. Le ciel puiſſe-t-il me pardonner cet inſtant de chagrin que je vais donner à ma mere, & ne pas m'en punir en diminuant votre affection pour moi. Comme elle achevoit ces mots, nous arrivâmes à la porte; je l'ouvris: Amélie s'élança, prit sa course & se mit à fuir avec une légereté surprenante. Nous traversâmes le chemin, une petite prairie qui le bordoit, & gagnâmes une remise épaisse, d'où nous observâmes si nous étions suivis. Par bonheur Mistriss Harris s'obstinant à nous chercher à l'orangerie, nous laissa le tems d'échapper à ses regards; elle arriva à la porte avec une partie de ses gens, s'y arrêta. Bien-tôt nous vîmes plusieurs personnes prendre en courant la route de Londres, ensuite la porte se ferma, & nous restâmes en sûreté dans notre asile.

Alors nous tinmes conseil l'aimable

ble fugitive & moi. J'étois venu ſeul à Turnham-gréen. Ne voyant point d'apparence au départ d'Amélie avant la ſeconde nuit, j'avois laiſſé mon valet à Londres, avec ordre de m'amener le lendemain une chaiſe à deux. Notre entrevûe découverte rompit mes meſures. L'obſcurité commençoit à ſe répandre; un vent furieux menaçoit du plus terrible orage. Amélie née & élevée dans cette campagne, connue de tous les habitans, n'oſoit riſquer de mettre notre ſecret au haſard, en le confiant à des gens groſſiers, qui peut-être ſe croiroient obligés d'avertir ſa mere du lieu de ſa retraite. Au milieu de cet embarras, elle ſe ſouvint qu'à un mille & demi de l'endroit où nous étions, ſa nourrice cultivoit un petit verger dont Mistriss Harris lui abandonnoit l'usufruit pour tout le tems de sa vie. Elle me proposa d'y aller passer la nuit. La bonne créature m'est si attachée, me dit-elle, que rien dans le monde ne l'engageroit à me fâcher ou à me nuire. Sûrement ma mere me croit à Londres; & quand elle me soupçonneroit d'être restée aux environs de la maison, jamais elle ne penseroit à la pauvre Atkinson. Son fils est mon frere de lait, un jeune garçon bien fait, dont le cœur est honnête en vérité. Le Docteur le tient ordinairement à son Prieuré, & l'envoie passer chez sa mere le tems où il séjourne à la ville. Il doit y être à présent. Il me sera utile, ou ici ou à Londres. Il est intelligent, il m'aime beaucoup, & nous pourrons nous fier à ſon zele. J'approuvai tout, & ſans délibérer davantage nous prîmes le chemin du hameau qu'il falloit traverſer pour aller au verger de la bonne Atkinſon.

En marchant, je ſoutenois ma charmante maîtreſſe, je lui rendois grace d'une condeſcedance qui me rendoit heureux, je me livrois à toute ma paſſion, je l'exprimois avec ardeur, Amélie m'écoutoit avec plaiſir; cette fuite nous paroiſſoit une promenade agréable & tranquille...... L'orage s'étoit donc diſſipé, dit Miſs Matheus. Diſſipé, reprit M. Fenton! il pleuvoit, éclairoit, tonnoit, grêloit, les vents ſe combattoient, le ciel ſe montroit tout en feu, mais nous n'y penſions pas. Cependant quand nous arrivâmes, nos habits très-mouillés formoient autour de nous un poids qui commençoit à rendre notre marche assez pénible.

Parvenus à la maison, Amélie frappa, appella sa nourrice. Judith Atkinson vint ouvrir, une lumiere à la main. Regarder ma belle compagne, la reconnoître, s'écrier, faire cent exclamations, allumer un grand feu, nous présenter des siéges, nous accabler de complimens, baiser les mains d'Amélie, pleurer de joie; tout cela fut l'ouvrage d'un moment pour l'active villageoise. Vous êtes surprise de me voir à cette heure & dans le desordre où le mauvais tems me fait paroître, lui dit Amélie; mais, ma chere Judith, je vous confierai les raisons d'une visite si extraordinaire.

O ma belle jeune Dame, répondit la Jardiniere, vous ne me devez pas compte de vos actions. Soyez mille fois la bien venue dans cette petite partie de votre héritage; elle ne dépérit pas, je vous l'assure. Quand je mets un arbre en terre, je le choisis avec soin. Je pense en moi-même que ma chere jeune maîtresse mangera peut-être un jour de son fruit, & dira, c'est ma bonne Atkinson qui l'a planté; mais pardon de ma familiarité. Les riches se moquent, dit-on, de l'amitié des pauvres, parce qu'entr'eux ils ne se soucient point de cela; mais chacun pense à sa façon; il ne faut blamer personne. Et se tournant vers moi, qu'elle avoit à peine envisagé: Bonté du ciel, le beau Gentilhomme, s'écria-t-elle! comme il vous regarde..... O Miſs * Emmy, Miſs Emmy!... Madame ſçait-elle où vous êtes? je parie qu'elle ne le ſçait pas.

Amélie ſourit. Je ſuis charmée qu'il vous plaiſe, ma bonne, lui dit-elle. En ſuppoſant que ce *beau Gentilhomme* fût mon mari..... Le ciel me ſoit en aide, interrompit Judith, vous vous êtes mariée malgré Madame? mais à tout péché miſéricorde. C'eſt un Pair du Parlement, ſans doute, qui a des millions de rente, des chiens de chaſſe, des chevaux de courſe; il vous menera à la Cour de Londres, vous ſerez comme la Reine, tant mieux; vous avez un ſi bon petit cœur, vous ferez du bien & le retrouverez un

* Diminutif d'Amélie.

jour ; mais il rougit, vous riez, continua-t-elle ; eſt-ce qu'il n'eſt pas riche ? il n'a rien peut-être ? bienheureuſe Dame d'enhaut ! quelle pitié ſeroit-ce là ! il a la mine d'un Prince, ou d'un fils d'Alderman *. S'il n'eſt pas opulent, qu'il ſoit donc bien tendre, qu'il vous aime de tout ſon cœur. Avec un bon mari, une honnête femme prend patience ; puis Madame eſt ſi riche ! mais vous auroit-elle chaſſée de ſa maiſon ? Non ma bonne, dit Amélie ; elle ignore encore mon mariage. Il y a un mois qu'elle conſentoit à m'unir à Monſieur ; à préſent elle veut me marier avec un autre ; ſon autorité ne s'étend pas juſques ſur mes ſentimens, ils n'ont pu changer comme

* Echevin.

les ſiens ; & dans une action auſſi importante, où le bonheur de ma vie eſt intéreſſé, j'ai cru devoir conſulter mon cœur & ſuivre ſes mouvemens : mais, ma chere Atkinſon, au moins vous garderez mon ſecret, vous ne trahirez point ma confiance.

Ah mon Dieu, vous trahir ! s'écria la bonne femme, moi trahir ma jolie petite Miſs ! Quand le Roi me donneroit ſes trois royaumes, & que Madame y joindroit la plus belle de ſes fermes, je ne ferois pas une ſi méchante action. On m'appelleroit traitreſſe : bon ciel ! ſi je méritois ce vilain nom-là, je tomberois morte à l'inſtant.

Pendant cette converſation, nous tâchions de ſécher nos habits ; mais la Jardiniere craignant qu'Amélie ne ne s'enrhumât, la pressoit si fort d'en changer qu'elle consentit enfin à accepter du linge un peu gros, mais très-net, des jupons de toile de coton, un corset tout neuf, fait de camelot bleu, un tablier d'une jolie indienne, un mouchoir de col de mousseline, & des bas de fil écru. Tout cela posé sur la table excita une contestation assez singuliere. Amélie ne vouloit point se deshabiller devant moi. Elle ne vouloit pas non plus me laisser sortir parce que la pluie continuoit. La maison n'étoit composée que de deux pieces; le jeune Atkinson dormoit dans l'une, & nous occupions l'autre. Je ne trouvois pas honnête d'éveiller le fils de notre hôtesse. Amélie rioit & protestoit qu'elle ne détacheroit pas une épingle ſi je regardois. Judith lui crioit : mais c'eſt votre mari; ne diroit-on pas qu'il y ait ici des étrangers ? Rien ne perſuadoit Amélie. Enfin un drap mis ſur des cordes qui ſervoient à étendre du linge, tira d'embarras ma modeſte amie, en lui formant une eſpece de cabinet ... où vos regards pénétrerent ſans doute, interrompit Miſs Matheus : l'officieuſe payſanne n'avoit garde d'avertir qu'un ſi complaiſant mari uſoit un peu de ſes droits.

Je vous jure, dit Monſieur Fenton, que je ne tournai pas les yeux de ce côté ; l'idée ne m'en vint ſeulement pas. Croyez-moi, Miſs ; on ne veut rien dérober à la femme que l'on aime véritablement. Les desirs qu'elle inspire ne ressemblent point aux mouvemens rapides & emportés des sens. L'attrait d'un plaisir passager rend hardi, téméraire, fait tout prétendre, tout enlever. L'amour plus délicat n'arrache point de faveurs. Il les souhaite, consent à les attendre, veut les mériter, jouit de ses espérances; & quand il obtient, ce n'est point le triomphe, c'est le don qui le touche & met le comble à son bonheur.

On ne sçait pourquoi Miss Matheus prit de l'humeur dans ce moment. Elle se leva, s'approcha de sa fenêtre, trouva le tems sombre, le jour avancé, & se tournant vers Monsieur Fenton, elle le pria de lui laisser la liberté de se coiffer. Comme il frappoit pour qu'on vint lui ouvrir, elle le rappella. Assurément, Monsieur, lui dit-elle, vous n'êtes pas un homme attentif; vous avez des façons de parler...... Il faut que je sois folle.... Plus que folle!.... Vous reconnoissez mal des sentimens..... Mais on ouvre. Sortez. Adieu. J'obeis avec regret, dit il, mais avec soumission. A peine la porte alloit se refermer, que Miss y courut: Monsieur Fenton, cria-t-elle, je compte sur vous à dîner. Je ne négligerai point l'occasion de passer d'heureux momens, répondit-il, en la regardant d'un air tendre qui lui étoit naturel, & le rendoit séduisant, même quand il ne songeoit point à plaire. Allez, lui dit Miss Matheus, allez & revenez bien vîte; on ne peut vous entendre ſans ſe fâcher ; mais on ne peut vous fixer ſans vous pardonner.

Monſieur Fenton ſe retira dans ſa chambre , arrangea ſes cheveux, changea de linge & d'habit. Il avoit envoyé la veille chercher ſon porte-manteau au logement qu'il croyoit occuper en arrivant à Londres, ne prévoyant pas que Monſieur Herbert lui en procureroit un à Newgate. A ſon retour auprès de Miſs Matheus, il ne trouva point de trace du petit nuage qui obſcurciſſoit ſon eſprit le matin. Elle le reçut bien, & pendant le diner elle montra aſſez d'enjouement. Quand on eut deſſervi , elle demanda à Monſieur Fenton la ſuite de ſon hiſtoire. Il la reprit ainſi.

La bonne Atkinſon nous préſenta de la crême, des œufs frais, du beure battu du ſoir & de très-beaux fruits. Ces mets nous ſemblerent excellents. Jamais Amélie, dans l'éclat de la plus brillante parure, ne m'avoit montré tant de charmes. Sa tête nue, ſes cheveux négligemment rattachés, un corſet mince qui laiſſoit voir la forme parfaite de ſa taille ; je ne ſçais quel air de vivacité, quelle grace naïve, enfantine, ajoutoient à ſa beauté, lui prêtoient une foule de nouveaux agrémens. Elle s'apperçut du plaiſir extrême que je prenois à la regarder. Elle ſourit ; jetta les yeux ſur tout ce qui l'environnoit, & les ramenant modeſtement ſur les miens : qu'il me ſera facile d'être heureuſe avec vous, me dit-elle ; cette cabanne devînt-elle ma demeure habituelle, je ſens que j'y vivrois contente. O, mon cher Jemmy ! il eſt un ſentiment plus fort que l'orgueil & ſes vaines maximes, plus fort que tous les préjugés : il me fait connoître, il m'aſſure que la félicité ſuprême peut ſe trouver ici.

Ces paroles & le ton dont elle les prononça, firent une impreſſion ſur mon cœur, dont le tems n'effacera jamais l'agréable ſouvenir : la plus douce yvreſſe ſe répandit dans mes ſens, ou plutôt dans mon ame. J'oſai paſſer un bras autour d'elle, la ſerrer tendrement, prendre un baiſer ſur ſes lèvres de roſe. O mon aimable Amélie ! ô femme élue de mon cœur, lui dis-je, transporté, ravi, pénétré d'un plaisir que je n'avois jamais goûté ; ô ma chere amie ! par-tout où ces traits enchanteurs s'offriront à mes regards, par-tout où le son harmonieux de cette voix viendra frapper mon oreille, le temple du bonheur s'ouvrira devant moi.

Que le Tout-puissant vous bénisse, exauce vos vœux en ce monde & dans l'autre, s'écria la jardiniere! Vous aimez ma chere Miss, vous l'aimez bien. Ah, le charmant, le délicieux mari ! Tenez, quand vous me caresseriez moi-même, vous ne me feriez pas plus aise. Mon cœur me l'a toujours dit, qu'elle épouseroit un ange. Continuez, mon bon Seigneur ; rendez-la heureuse, bien heureuſe, & que la paix habite dans votre cœur.

Les ſouhaits de cette honnête créature nous attendrirent ; nous l'embraſſâmes tous deux. En vérité, Miſs, je me ſens encore ému en ſongeant à cette raviſſante nuit ; que de charmes dans la nature, dans la ſimplicité ! que de plaiſirs nous pourrions trouver en nous-mêmes, & que nous perdons à ne pas les chercher ! Qui les remplace au milieu du monde, ces plaiſirs ſi purs ! l'intrigue, l'ambition, la crainte, l'ennui, d'inſatiables deſirs, des regrets, des dégoûts.... Là doucement, dit Miſs Matheus, vous allez vous égarer. Eh mon Dieu ! laiſſons la morale ; elle aſſomme.

Le ſouper fini, continua Monſieur Fenton , la bonne Atkinſon nous fit une propoſition qui couvrit les joues d'Amélie du plus vif incarnat. Elle baiſſa les yeux, & répondit qu'ayant à nous entretenir d'affaires importantes, nous veillerions toute la nuit. Eſt-il poſſible, s'écria Judith, en me regardant d'un air ſurpris ? Toute la nuit ! Si elle le veut, lui répondis-je en riant, il faut bien y conſentir. J'ai juré de ne jamais la contraindre. Cette extrême complaiſance me nuiſit un peu, je crois, dans l'eſprit de la bonne nourrice. Elle me conſidéra attentivement, mordit ſes lèvres, plia les épaules, & garda le ſilence. Nous la priâmes de ſe mettre au lit, d'agir chez elle comme ſi nous n'y étions pas; mais elle nous aſſura que, grace au ciel, elle ſçavoit trop bien la civilité, pour quitter une compagnie dont elle ſe tenoit ſi honorée. En effet elle fut ſi polie, qu'elle ne nous laiſſa pas un inſtant ſeuls.

Eh quand elle vous eût donné plus de liberté, quel uſage en auriez-vous fait, dit Miſs Matheus. Les femmes que l'on aime véritablement, n'inſpirent rien, ſi on s'en rapporte à vos maximes. Je ſuis un peu comme la nourrice : il y a mille endroits de votre récit où je leverois volontiers les épaules. Malgré ce petit trait d'humeur, reprit en ſouriant Monſieur Fenton; ou je me trompe fort, Miſs, ou vous n'avez pas de moi la même idée que je lui ſuppoſois. Soyez de bonne foi, l'avez-vous? Pourſuivez, Monſieur, pourſuivez, repliqua Miſs Matheus. Rien ne m'ennuie comme les queſtions.

Nous convinmes Amélie & moi d'écrire au docteur Harriſon, mais nous ne trouvâmes point de papier dans la maiſon. Heureuſement ce que nous voulions apprendre à ce bon ami n'exigeoit point de détail. A ſix heures du matin, Atkinſon, prévenu par ſa mere, vint rendre ſes reſpects à Amélie & lui demander ſes ordres. Il lui parla avec beaucoup de grace. Sa figure me plut. Le zèle & l'amitié ſe peignoient dans ſes yeux. On voyoit qu'il bruloit du deſir d'être utile. Après l'avoir entretenu un peu de tems avec une bonté familiere, Amélie le chargea de prendre un cheval au prochain village ; d'aller à Londres ſans s'arrêter ; de dire au docteur Harriſon où elle étoit ; de le prier de ſa part & de la mienne de venir promptement nous trouver pour terminer l'affaire importante, dans laquelle il avoit promis de nous protéger. Cela fut répété plusieurs fois. Enſuite le jeune garçon partit.

La moitié du jour ſe paſſa fort agréablement. Après un mois d'abſence nous goûtions avec délices le plaiſir d'être enſemble ; de nous redire tout ce que nous avions penſé ; de nous conſoler mutuellement des peines dont nos cœurs s'étoient ſentis touchés. Cependant les heures s'écouloient, & notre jeune meſſager ne revenoit point. Peu à peu nous commençames à nous inquiéter, à craindre que le docteur ne fût point à la ville, ou que Miſtriſs Harris ne l'eût fait changer d'idée; mais pouvoit-il deſapprouver une démarche qu'il m'avoit conſeillée? Amélie s'affligeoit; ſa triſteſſe me pénétroit. La jardiniere, témoin de nos agitations, s'allarmoit auſſi du retardement de ſon fils. Elle alloit continuellement ſur le chemin pour tâcher de le découvrir dans la campagne; ſe tenoit à la porte, rentroit, ſortoit encore, revenoit, s'impatientoit, vouloit nous conſoler, ſe chagrinoit avec nous, ne reſtoit pas un moment tranquille. Tout d'un coup nous la vîmes accourir de toutes ſes forces, épouvantée, hors d'elle-même: malheureuſe que je ſuis, crioit-elle, en ſe tordant les mains comme une femme en délire, que dira Madame ! comment me traitera-t-elle ? où me cacher ? Eh qu'avez-vous, ma bonne ? qu'avez-vous donc, lui demanda Amélie toute tremblante ? Sauvez-vous, Miſs, ſauvez-vous, dit la jardiniere. Fuyez vîte ; il ſera ici dans l'inſtant. Vous êtes trahie..... Ne l'entendez-vous pas ? Eh qui, demanda Amélie. Le carroſſe de votre mere, reprit Judith ; il accourt au grand trot de ſix chevaux. Ecoutez. Il arrive. Le voilà. Je ſuis perdue.

Le bruit de la voiture, qui frappa alors nos oreilles, fit pâlir ma chere Amélie. Elle ſe laiſſa aller ſans connoiſſance dans mes bras. En penſant que ſa mere venoit me l'enlever, nous ſéparer pour jamais, je ſentis mon cœur preſſé de la plus vive douleur ; elle m'ôta la force de ſoutenir Amélie, & nous tombâmes tous deux ſur un amas de feuilles ſeches auprès duquel nous étions. La pauvre Atkinſon nous croit morts, pouſſe des cris aigus, s'arrache les cheveux, meurtrit ſon ſein, fait retentir la chambre de hurlemens terribles. Miſtriſs Harris entre, s'effraie, ſe renverſe ſur un ſiège. Miſs Betzy lui préſente des ſels, la ſoutient, la ſecoure. Le docteur, venant le dernier, crie dès la porte : où ſont-ils, que je les embraſſe, que je les marie, que je les voye heureux ? Le ſpectable offert à ſes yeux l'étonne, l'attendrit. Il s'empreſſe à ranimer Amélie, m'aide à rappeller mes eſprits. Eh quoi, dit-il, il, des larmes, de la consternation! rassurez-vous, mes chers enfans; venez, Miss Emmy; venez, Monsieur Fenton; venez tous deux remercier une mere indulgente; elle vous recevra de ma main. En parlant, il nous conduisoit aux pieds de Mistriss Harris, & s'adressant à elle: bénissez-les, ma généreuse amie, bénissez-les. Que le ciel les rende reconnoissans, & vous fasse trouver dans leurs vertus la récompense de vos bienfaits.

Interdits, tremblans, doutans encore de l'excès de notre bonheur, tous deux prosternés devant Mistris Harris, nous ne nous exprimions que par des larmes. Elle jetta les bras autour de nous, & nous serrant tendrement: ô mes chers, mes aimables enfans, nous dit-elle, je ſens trop de plaiſir à vous revoir pour vous accabler d'inutiles reproches. Je vous pardonne; je vous bénis du fond du cœur, & prie le ciel de répandre ſur vous ſes plus grandes faveurs, de vous donner le bonheur & la paix. Il vous deſtine ſans doute l'un à l'autre; je reſpecte ſes décrets, & m'y ſoumets avec réſignation. Remerciez votre protecteur, votre ardent ami. Vous devez à ſon interceſſion & au zèle inconſidéré d'Atkinſon le retour de ma tendreſſe & la félicité dont vous allez jouir.

Le calme renaiſſant dans tous les cœurs, nous commençâmes à nous livrer à cette joie pure que le ſentiment ſeul fait goûter. Des bras de ſa mere, Amélie passa dans ceux de sa sœur. Le docteur nous embrassa, prit nos mains, les unit : aimez-vous, nous dit-il ; aimez votre mere ; soyez sa consolation ; que vos soins, vos attentions préviennent ses desirs. Miss Emmy, soyez toujours douce & bonne. Vous, jeune homme, chérissez, respectez votre compagne. N'imitez point ces fous dont la cour & la ville abondent, qui rougissent de remplir les devoirs de l'humanité, d'être attachés à leurs parens, d'estimer la femme qui porte leur nom. Méprisez, dédaignez ces airs ridicules, ces faux préjugés. Aux yeux de l'homme sensé il sera toujours plus honorable de paroître l'amant de sa femme, que de former le dessein criminel de séduire celle de ſon ami ; deſſein que le plus eſtimé de nos Lords avoue publiquement. Soyez-vous fideles... Laiſſons-là le docteur Harriſon, dit Miſs Matheus ; ſes idées ſont gothiques. Mais le pauvre petit Atkinſon, qu'avoit-il fait ? Pourquoi nommer ſon zèle inconſidéré ? Nous eumes la même curioſité, reprit Monſieur Fenton ; & pendant que le docteur viſitoit le verger & ſe promenoit aux environs, Miſtriſs Harris voulut bien la ſatisfaire.

Vos tablettes m'apprenant le lieu où ma fille étoit avec vous, me dit-elle, je courus à l'orangerie. Je cherchai par-tout ; je fis déranger des nattes derriere leſquelles on pouvoit ſe cacher ; enſuite j'ordonnai à mes gens d'aller s'emparer de la petite porte du jardin, pendant que je parcourrois les bosquets voisins de l'orangerie. Avertie que la porte étoit ouverte, j'envoyai une partie de mes valets sur le chemin s'informer si vous veniez d'y passer. Mon impatience ne me permit pas d'attendre leur retour. Je fis mettre mes chevaux & me rendis à Londres. J'y arrivai un peu avant minuit. Betzy écrivit au docteur Harrison. Il vint chez moi; mais loin de me consoler, d'entrer dans ma peine, il blâma sévérement ma conduite, excusa la vôtre, approuva la constance, la fidelité de ma fille, même sa démarche hardie; me reprocha de l'avoir forcée à sortir de son naturel, à manquer à ses devoirs, au respect qu'elle me montroit depuis ſon enfance. Pauvre Amélie ! diſoit-il, je ſuis sûr qu'elle pleure à préſent, gémit de ſa faute ; elle vous croit affligée, vous plaint. Je comptois vous trouver triſte ; j'étois venu pour vous dire des raiſons qui puſſent adoucir vos chagrins. Point du tout, c'eſt que vous criez à votre aiſe, menacez, maudiſſez la plus douce des créatures ! Oh bien, Madame, je lui tiendrai lieu de pere ; je la protégerai ; & ſi vous employez l'autorité, je ſçaurai la défendre contre vous & contre tous les Lords du Royaume. Je me fâchai ; lui auſſi, je m'emportai, il ſe mit en fureur, & nous nous ſéparâmes en jurant de ne nous revoir jamais.

Je paſſai la nuit dans une cruelle

ſituation. L'idée où j'étois que le doĉteur connoiſſoit le lieu de votre retraite, me ramena vers lui. A dix heures du matin je l'envoyai prier de me venir trouver. Il refuſa d'avoir cette complaiſance. Impatiente, je lui écrivis ; il ne me répondit point. Je le fis preſſer ; il dit à mon laquais qu'il me ſouhaitoit de la tranquillité, & me ſupplioit de ne plus troubler la ſienne. A trois heures, mon chagrin, mes inquiétudes, & en vérité mon amitié pour lui m'ont déterminée à l'aller chercher moi-même. Il m'a très-mal reçue, affectant de ne point parler, & pour-tant me contrariant par des ſignes de tête, par le mouvement de ſes mains ou de ſes yeux. Son ſang-froid me révoltoit, me fâchoit plus que ſa colere n'avoit fait la veille. Enfin il m'a dit, protesté qu'obligé par son état, par son honneur, par ses engagemens avec Monsieur Fenton, à le servir dans cette occasion, lui-même l'aideroit à me cacher ma fille, & la marieroit tout aussitôt qu'il vous verroit ensemble. Madame, a-t-il ajouté, votre mari mourant me conjura de veiller au bonheur de sa fille. Je m'en souviens. Je lui promis de suivre ses intentions, je le ferai. Il se soucioit peu de la voir riche ou élevée en dignité ; mais il desiroit avec ardeur qu'elle fût honnête & heureuse. Les meres mondaines, frivoles, orgueilleuses négligent ces points essentiels ; aussi, Madame, sont-elles méprisées, haïes de leurs filles, coupables en-

vers

vers elles, & cauſes du deſordre de tant de maiſons, dont l'extérieur brillant cache un enfer, où deux diables ſe tourmentent à l'envi, s'accordant ſeulement pour maudire la furie qui les force de vivre enſemble.

Ces propos durs m'ont mis hors de moi-même; j'ai éclaté en reproches, en menaces; il a continué à m'obſtiner; la querelle s'eſt animée. Au milieu de cette conteſtation vive & bruiante, Atkinſon accoutumé à entrer familiérement chez le Doéteur, s'eſt préſenté, rempli de ſon objet, ſans faire attention à ma préſence, ou n'imaginant pas qu'il y eût aucun inconvénient à s'expliquer devant moi; il a fait ſa commiſſion à haute voix. Mes enfans, ajouta Miſtriſs Harris, vous devinez le reſte. Le Docteur me voyant inſtruite du lieu où je trouverois ma fille, a changé de ton; il m'a priée, conjurée de pardonner, de tenir parole à Monſieur Fenton. Il m'a repréſenté que ſa fortune ſurpaſſeroit un jour celle d'Amélie; que vos enfans ſeroient riches; que je vivrois aſſez pour vous voir poſſéder des titres, ſi j'ambitionnois cette chimere. Enfin il m'a perſuadée. Je ſuis venue; je vous ai pardonné; je vous rends heureux; aimez-vous; marchez enſemble dans les voies de l'honneur, & vous le ſerez toujours: le Docteur a raiſon, l'union & la vertu ſont les fondemens ſolides du bonheur.

Notre tendre ami revint alors ſuivi d'Atkinſon, qui effrayé par les cris de ſa mere, n'avoit encore oſé paroître. Il reçut nos remercîmens & six guinées dont je lui fis présent. La Jardiniere, transportée de joie, félicita Amélie, complimenta Mistriss Harris, & lui rendit un compte fidele de notre conduite. Je payai libéralement ses soins, ses louanges, & conservai beaucoup de reconnoissance de toutes les bénédictions qu'elle nous avoit données. Nous montâmes tous en carrosse; Atkinson demanda la permission de nous suivre; il l'obtint & ne me quitta plus. Quel plaisir je sentis en retournant avec Mistriss Harris dans cette maison, d'où la crainte de la voir nous engageoit la veille Amélie & moi à fuir si vîte! ce lieu choisi pour être témoin du bonheur d'un autre, le fut le lendemain des doux transports de deux amans qui s'adoroient. Nous reçûmes la bénédiction nuptiale des mains de notre estimable protecteur. La cérémonie se fit sans éclat & presque sans témoins; mais si des fêtes pompeuses ne célébrerent point notre union, si le faste n'en fit point un spectacle public, l'amour la rendit délicieuse, & nous prodigua tous ses plaisirs.

Ah je respire, dit Miss Matheus; vous voilà marié. J'espere entendre à présent des faits, le détail de quelque événement. Vous ne m'avez encore entretenue que d'attraits, de graces, de regards enchanteurs; les noms de belle, d'aimable, de charmante ont sans cesse retenti à mes oreilles, façon de conter assez mauvaise. Les François font bien d'éviter dans le discours, & plus soigneusement dans les écrits, cette foule d'épithetes inutiles que nous semblons chercher : mais pardon, je vous interromps souvent, & suis impolie à mon tour.

A votre tour, Miss, dit Monsieur Fenton ? vous supposez donc que je l'ai été. Assûrément, reprit-elle. Je puis au moins vous reprocher d'offensantes distractions. Pensez-vous, Monsieur, qu'il soit agréable d'écouter ces louanges outrées..... Vous ne menagez ni mon amour-propre, ni le penchant..... Vous êtes charmant, Monsieur Fenton: j'aime à vous rendre justice; mais cette violente passion pour votre femme.... Prenez-y garde, on tolere les vices, on ne souffre point le ridicule. Vous êtes ſi bien fait, ſi aimable...... Ne baiſſez point les yeux, ne vous inclinez pas ſi profondément. Je dis la vérité. Perſonne au monde ne raſſemble tant de qualités, grace, eſprit, talens, dons naturels.... Ah, cette Amélie, qu'elle eſt heureuſe !

Des propos ſi flatteurs attirerent une réponſe obligeante à Miſs Matheus. Fâché d'avoir mérité ſes reproches, ſans lui faire de ces excuſes gauches, qui aggravent une faute au-lieu de la réparer, Monſieur Fenton la conduiſit inſenſiblement à penſer que ſi Amélie toute *belle*, toute *charmante*, toute adorée qu'elle étoit, poſſédoit l'art de deviner, ſi ſes regards *enchanteurs* pouvoient pénétrer dans une chambre de Newgate, peut-être s'écrieroit-elle à ſon tour; oh, cette Miſs Matheus, qu'elle eſt heureuſe!

Mais, dit enſuite Miſs Matheus, vous ne me parlez point de la grave Miſs Betzy. Comment ſe conduiſoit-elle à votre égard? vous aimoit-elle? vivoit-elle bien avec ſa ſœur? On ne peut pas mieux, reprit Monſieur Fenton. Pendant mon abſence elle ſoutint vivement mes intérêts. Miſtriſs Harris menaçoit Amélie de la deshériter ſi elle m'épouſoit; mais ſa ſœur l'exhortoit à me reſter fidelle, à ſuivre le penchant de ſon cœur, blâmoit fortement l'inconſtance, parloit contre Milord Nesbit, deſapprouvoit cette alliance. Après la fuite d'Amélie elle intercéda pour elle, pour moi, ſe joignit au Docteur, & lui-même nous aſſura que nous devions beaucoup à ſon zéle affectueux. Vous me ſurprenez, dit Miſs Matheus. J'ai paſſé une ſaiſon à Bath avec elle ; ſa tante Morgan l'y avoit menée. Elle me parut une créature fauſſe, intéreſſée, pedante & mauſſade. Son langage précieux, ſa contenance affectée ne m'en imposerent point. Dans une jeune perſonne, je hais un maintien auſtere, & ſur-tout le ton puritain. J'ai toujours remarqué que l'orgueil & l'envie faiſoient partie du caractere des prudes ; la vertu eſt ſans apprêts, & l'enjouement annonce un bon naturel ; car celle qui ſe plaît à rire, forme rarement le projet d'attriſter les autres. Miſs Betzy ne pouvoit aimer ſa ſœur, & vous ne me perſuaderez jamais qu'elle ait été capable d'un mouvement de générosité. Quand elle conseilloit à Amélie de vous garder sa foi, sans doute elle espéroit profiter du changement que sa desobéissance occasionneroit peut-être dans les dispositions de sa mere; & si elle paroissoit contraire à Milord Nesbit, c'étoit par une basse jalousie, qui ne lui permettoit pas de voir sans chagrin un Pair du Royaume épouser sa sœur.

En vérité, Miss, dit Monsieur Fenton, je crains que vous n'ayez trop bien pénétré son caractere. Le tems m'en a fait prendre à-peu-près la même idée. Les articles de mon mariage devoient être signés, poursuivit-il, le jour que je partis pour me rendre auprès de ma sœur. Ne voulant plus notre union, Mistriss

Harris déchira ces articles comme un papier inutile; la précipitation du Docteur ne lui permit pas de ſonger en nous mariant à ce qui n'entroit point dans ſon miniſtere. J'étois bien éloigné d'y penſer. En recevant Amélie des mains de ſa mere, pouvois-je m'occuper d'un ſoin étranger à mes deſirs? Qui de nous deux enviſageoit l'avenir? Nous voir, nous aimer, nous le dire, nous le répéter, voilà ce qui rempliſſoit toutes nos idées & tous nos momens.

Peu de jours après mon heureux mariage, nous retournâmes à Londres. Miſtriſs Harris me parla de cette ſinguliere omiſſion. Elle me rappella nos premieres conventions, me dit que ſa ſeconde fille ſe trouvant avantagée par le teſtament de Miſtriſs Morgan ſa tante, elle rendroit Amélie ſa principale héritiere, ajoutant que l'intention de ſon mari avoit toujours été de préférer cette fille chérie. Comme elle finiſſoit de parler, Miſs Betzy ſortit d'un cabinet où ſa mere ignoroit qu'elle fût entrée. Depuis ce jour je crus m'appercevoir d'un changement très-marqué dans ſa conduite. Elle railloit ſouvent ſur les mariages d'inclination, trouvoit ſa ſœur trop tendre, trop attentive à me plaire, trop empreſſée à recevoir d'innocentes careſſes, que la modeſtie lui permettoit de ſouffrir devant ſa mere & le Docteur Harriſon, mais dont la vertueuſe Miſs Betzy ne pouvoit ſupporter l'indécence. Elle aſſuroit

Amélie que la froideur ſuccéderoit bien tôt à des feux ſi ardens, que le tems diminueroit ma paſſion & ſa propre ſenſibilité. Elle prit une haine extrême pour le Docteur Harriſon. Elle ſe plaiſoit à tourmenter Amélie en lui parlant des dangers de la guerre, en mettant ſans ceſſe ſous ſes yeux l'image d'un mari ſi cher, bleſſé, abandonné ſur le champ de bataille, expirant loin d'elle. Ces diſcours rempliſſoient de terreur l'eſprit de mon aimable femme. Elle s'affligea; ſa mere connut ſes peines & partagea ſon inquiétude. Elle lui promit de chercher un moyen de la tranquilliſer, de me fixer auprès d'elle, & n'en imagina point d'autres que de me propoſer d'entrer dans le régiment des Gardes. Comme il ne marche point ſans le Roi, c'étoit procurer à Amélie la plus grande ſatisfaction, puiſqu'elle ne redouteroit plus ni l'abſence, ni les périls dont ſa ſœur lui donnoit une idée ſi effrayante.

Nous étions unis depuis deux mois. Dès le premier Amélie avoit reſſenti de légeres incommodités, mais ſans vouloir en parler, ne pouvant ſe réſoudre à les attribuer à leur véritable cauſe. Elle ſe confia enfin à ſa mere. Miſtriſs Harris parut tranſportée de joie de ſon état. Ce fut en m'annonçant une nouvelle qui me pénétroit du même ſentiment, qu'elle me pria avec inſtance de quitter le régiment de Milord Gage, m'offrant l'argent qui me feroit néceſſaire pour acheter une enſeigne dans celui des Gardes, & m'aſſurant de m'en fournir toutes les fois que l'occaſion de monter ſe préſenteroit. Je me ſentois un peu de répugnance à ſortir d'un corps où j'étois eſtimé, où j'avois des amis: cependant comme le régiment de Milord Gage ne ſervoit point encore cette année, je crus devoir cette complaiſance à ma belle-mere, ou plûtôt à la tendre & craintive Amélie.

Je connoiſſois un Officier des Gardes appellé Sir Henry Booſton. Il haïſſoit le ſéjour de Londres, & ſe déplaiſoit dans ſon corps; je ne doutai point qu'il ne vendît, ſi je l'en preſſois. J'allai le chercher; il étoit en campagne. Je pris des informations, & trouvai que lui ſeul pouvoit m'aider à ſatisfaire les deſirs de Miſtriſs Harris. Je lui écrivis ; j'attendis long-tems ſa réponſe : deux mois ſe paſſerent ſans qu'il revînt, un autre avant qu'il ſe déterminât ; enfin nous convînmes enſemble d'un échange. Il prit ma compagnie. Je promis de lui payer comptant la ſomme excédente dont je lui ſerois redevable. Nous fîmes de concert les démarches néceſſaires : l'affaire propoſée parut ſans difficulté ; Milord Gage eut la bonté de montrer du regret de me perdre, mais il ne deſaprouva point mes égards pour Miſtriſs Harris. On nous promit au Bureau que le brevet & la commiſſion ſeroient ſignés immédiatement ; ainſi notre traité heureuſement terminé, remplit de joie Amélie & ſa mere ; mais Miſs Betzy trouva qu'une tendreſſe mal entendue me nuiroit, empêcheroit mon avancement ; elle blâma ſa ſœur, la condeſcendance de ſa mere, la mienne, & nous montra une aigreur que nous n'avions jamais ſoupçonnée dans ſon caractere, & dont le ſujet découvroit aſſez ſon peu d'amitié pour moi.

Je revenois un ſoir de la chaſſe, & montois avec empreſſement chez Amélie, quand je l'entendis parler dans l'appartement de ſa mere ; j'y entrai ; elle accourut à moi. Ah mon Dieu, que je ſuis heureuſe, me dit-elle ! ſans les bontés de ma mere, ſans votre complaiſance, que ſerois-je devenue ? Je vous perdois, mon cher Jemmy, je vous perdois pour long-tems ; & qui ſçait ſi ce n'eût pas été pour toujours ! Un ordre cruel nous ſéparoit. Que cet échange s'eſt fait à propos ! Le régiment de Milord Gage eſt commandé, il paſſe la mer, il va au ſecours de Gibraltar.

Le régiment eſt commandé, m'écriai-je, il part ! J'eſpere que la commiſſion n'eſt point encore ſignée, je cours chez le Miniſtre, je vais m'informer....... Que dites-vous, interrompit Amélie, en m'arrêtant, tout n'eſt-il pas terminé ? Pour le monde entier je ne le voudrois pas, lui dis-je : eh bon Dieu, ma chere, je ſerois deshonoré ! Alors mon laquais me remit un billet de Sir Henry. Il me confirmoit la nouvelle qu'Amélie venoit de m'apprendre, & me ſupplioit de lui tenir parole. Il alloit, me diſoit-il, au Bureau demander ſi le brevet étoit expédié, il eſpéroit trouver ſon nom ſur la liſte de ceux qui partoient, & m'exhortoit à ne point manquer à nos conventions.

Je lui répondis avec un peu d'humeur, & lui écrivis qu'il n'y ſongeoit pas, de me faire une pareille propoſition dans cette circonſtance, & que notre échange devenoit impoſſible. Je voulois ſortir. Amélie me retenoit, pleuroit, m'accuſoit de dureté : ſa mere me condamnoit, prétendoit que ſi le brevet étoit ſigné, il ſeroit ridicule de me croire dans l'obligation de ſervir avec le régiment d'où je ſortois. Il falloit la reſpecter beaucoup & chérir bien tendrement Amélie pour ſupporter d'entendre deux femmes juger des devoirs d'un Militaire, lui impoſer des loix, & prétendre décider une pareille queſtion. Par un grand bonheur le Docteur Harriſſon, abſent depuis un mois, ſe fit annoncer. Sa préſence, toujours deſirée d'Amélie, lui parut dans ce moment une grace particuliere du ciel, dont la bonté envoyoit à ſon ſecours celui qu'elle regardoit comme ſon ange tutélaire.

Elle courut à lui, l'embraſſa. Venez, venez m'aider, lui dit-elle, à retenir un cruel; il veut m'abandonner, me fuir, me rendre malheureuſe; je n'eſpere qu'en vous; parlez-lui, engagez-le à modérer un zèle indiſcret. Mon cher, mon digne ami, donnez-moi une ſeconde fois l'époux que j'ai reçu de votre main.

Le Doςteur ſurpris qu'il ſe fût élevé une conteſtation entre nous, touché des larmes d'Amélie, & prêt à me quereller, me demanda bruſquement le ſujet de cette confuſion, de ce deſordre. Je le lui expliquai. Il m'écouta, ſe leva quand j'eus ceſſé de parler, marcha dans la chambre d'un air rêveur, chagrin, levant les épaules, ou portant la main à ſon front. Tous les yeux étoient fixés ſur lui. Amélie attendoit impatiemment ſa réponſe. J'avouerai qu'en cette occaſion le Doςteur ne me paroiſſoit point un juge compétent. En vérité, je ne croyois pas devoir remettre à ſa décision une affaire où il s'agissoit d'un point d'honneur, souvent fort mal entendu par les gens de son état.

Il se rapprocha d'Amélie, s'assit, me regarda fixement. Monsieur, me dit-il, je vois à votre air tout ce que vous pensez ; mais sçachez que j'ai porté un drapeau sous les ordres de Milord Tirconel mon parent, avant de me ranger sous l'étendart de l'Eglise. Guerrier par goût, Prêtre par obéissance pour mon pere, j'ai bien servi le Roi ; je m'efforce depuis long-tems d'acquérir les vertus de mon état & de servir Dieu. Vous parler en ministre de paix, ce seroit sans doute remplir mon devoir ; mais le vôtre ne vous permettroit pas de m'écouter ; ainsi je parlerois mal-à-propos & inutilement. Je ne vous dirai donc rien. C'eſt à la petite fille que voilà, continua-t-il en montrant Amélie du doigt, c'eſt à l'enfant que j'ai cru une femme, même une femme ſenſée, que je veux m'adreſſer.

Si le brevet eſt ſigné, vous prétendez, Madame, lui dit-il, que votre mari n'eſt plus Capitaine d'Infanterie dans le régiment de milord Gage, mais Officier des Gardes de Sa Majeſté, n'eſt-ce pas là votre idée? Oui, dit-elle. Eh bien, reprit le Docteur, vous avez tort. Que le brevet ſoit ſigné ou qu'il ne le ſoit pas, il faut laiſſer partir votre mari. Il faut le laiſſer aller tout-à-l'heure chez le Miniſtre; il ne peut trop ſe hâter de proteſter contre l'échange, attendu l'événement: voilà mon avis. Quoi c'eſt vous, c'eſt vous, Monſieur, qui lui donnez ce conſeil, s'écria douloureuſement Amélie ? Aſsûrément, c'eſt moi-même, dit-il froidement, & je ſuis bien aiſe qu'il n'en ait pas beſoin. Ma fille, un ſoldat ne peut balancer un inſtant dans une pareille conjoncture : qu'il ſacrifie tout quand ſon Roi, ſes devoirs, ſon pays ſont en oppoſition avec d'autres intérêts. Si votre mari reſtoit, que diroit-on de lui ? ne le ſoupçonneroit-on pas d'une prévoyance qu'il ſeroit aiſé d'attribuer à un manque de courage ? Nous accuſons le monde de juger légerement, avec malignité même : il le fait ſouvent ; mais ſouvent auſſi notre propre imprudence fournit au médiſant le trait dont il nous bleſſe.

Il eſt rare, fort rare, que la cenſure tombe entiérement à faux. Si celui dont on blâme la conduite n'eſt pas toujours criminel; ſoyez sûre qu'au moins il a négligé ſa réputation, & n'eſt pas exempt de tout reproche.

Voyant Amélie verſer des larmes ameres, cacher ſon viſage, il lui prit une main, & la ſerrant tendrement: allons, ma chere amie, allons mon aimable couſine, de la force, de l'ame, une noble fermeté, lui dit-il. Cherchez au fond de votre cœur ces ſentimens généreux qui vous diſtinguent de ces femmes foibles, occupées ſeulement d'elles-mêmes, de leurs plaiſirs, de leurs fantaiſies. Vous aimez Monſieur Fenton; aimez donc ſa gloire, ſa réputation; ne flétriſſez

point

point le nom que vous avez voulu porter. Ma fille, l'honneur d'un guerrier eſt ſemblable à la fleur légere qu'on voit ſur les fruits. Comme elle, le moindre ſouffle peut le ternir. Vous êtes la compagne de Monſieur Fenton, ſoyez auſſi ſon amie. S'il héſitoit, ce ſeroit à vous à lui dire : Partez ; rempliſſez vos devoirs ; ſoyez utile à votre patrie, à votre Roi ; allez, afin qu'on ne me ſoupçonne point de vous retenir, de vous donner de lâches conſeils, & de me préférer à l'homme qui m'eſt cher. Sa gloire, ſa réputation, s'écria Amélie ! ah, qu'eſt-ce que mon repos, ma joie, mon bonheur oppoſés à des devoirs, à une néceſſité abſolue ! partez donc, mon cher mari ; je ne vous donnerai point de *lâches conſeils*, je ne ternirai point cet honneur délicat & barbare ; qu'il l'emporte ſur l'amitié, ſur l'amour, même ſur la compaſſion. Oui, partez, répéta-t-elle en ſe jettant dans mes bras, méritez l'eſtime de la nation, conſervez celle de l'ami qui vient de me faire rougir de ma foibleſſe. Et tombant à genoux, les yeux & les mains élevés vers le ciel : Dieu tout-puiſſant, dit-elle, daigne m'entendre, exauce les vœux de ton humble créature, ne me condamne point à vivre ſéparée de l'homme que tu me permets, que tu m'ordonnes d'aimer : compte nos jours enſemble, & donne-moi la mort dans l'inſtant où tu rappelleras ſon ame dans ton ſein.

La ferveur de ſa priere, ſon action touchante, ce tendre ſentiment qu'elle venoit d'exprimer, éleverent en moi je ne ſçais quel mouvement, plus fort, plus paſſionné que tous les tranſports dont j'avois ſenti le charme auprès d'elle. Je la relevai, l'embraſſai avec ardeur. Ah ! ne forme point ces vœux cruels, lui dis-je. Si le ciel m'arrache au bonheur de vivre pour toi, puiſſe-t-il ajouter à tes jours tous ceux qui me ſeront retranchés. O mon Amélie, voudrois tu mourir & m'oublier? Quand je ne ſerai plus, garde mon image dans ton ſouvenir, que mon idée te ſoit toujours préſente & chere, femme adorable! ton cœur eſt le temple de mémoire où je deſire de graver à jamais mon nom.

Le Docteur & ſa mere ſe joignirent à moi pour la consoler. Séche tes pleurs, lui disois-je en la caressant, perds l'idée de ces dangers qui t'épouvantent, songe au plaisir que nous sentirons en nous revoyant, & qu'un souris répandu sur cet aimable visage me rende la joie que ta tristesse a banni de mon ame. Nous parvinmes à la tranquilliser un peu. J'allai le même soir chez Milord Gage; j'y trouvai Sir Henry. Nous pensâmes nous quereller; & si Milord n'eût décidé en ma faveur, protesté qu'il s'opposeroit formellement à l'échange, je ne sçais si cet obstiné se fût rendu.

Comme j'avois à peu près tout ce qui m'étoit nécessaire, deux jours suffisoient aux préparatifs de ma campagne. La veille de mon départ j'allai le matin trouver Miſtriſs Harris dans ſon cabinet, & lui reportai l'argent deſtiné à Sir Henry. En le recevant d'elle, je ne comptois pas m'en ſervir ſans en aſſurer le retour à Amélie. Il étoit aſſez mortifiant pour moi de ne rien donner à ma femme. Comment aurois-je voulu mettre ſur ma tête un argent qui lui appartenoit? Aucun écrit ne conſtatoit ſes repriſes ſur ma fortune, ni mes droits ſur la ſienne. J'avois déclaré mes intentions à Miſtriſs Harris. En reprenant cet argent elle me pria de garder ſix cens guinées. J'y conſentis, attendu l'occaſion. Je voulus lui en faire mon billet; elle ſe mit à rire, me traita d'enfant, & refuſa de me laiſſer écrire. A la fin du dîner, je lui préſentai une reconnoiſſance de ces ſix cens guinées. Elle prit le papier, le lut, le chiffonna, me le jetta ; il tomba ; j'allois le ramaſſer quand il entra du monde. Nous nous levâmes tous ; les Dames paſſerent dans la ſalle où je les accompagnai. Un inſtant après je me ſouvins du billet & retournai pour le chercher. Je ne l'apperçus point à terre. Je demandai à Miſs Betzy, qui étoit près de moi à table, ſi elle ne l'avoit point vû, elle me dit que non ; je fis la même queſtion aux valets, & reçus la même réponſe, ainſi il reſta perdu. Comme ma belle-mere ſeule pouvoit en faire uſage, je ne m'en inquiettai pas, & crus, comme Miſs Betzy le ſoupçonnoit, que la petite chienne de Miſtriſs Harris l'avoit pris & déchiré en ſe jouant.

Le Docteur Harriſon reçut mes adieux. Il me parla en pere. Je lui recommandai Amélie. Il me pria d'avoir ſoin d'Atkinſon qui s'étoit fortement attaché à moi, ne vouloit pas me quitter, & venoit à Gibraltar en qualité de volontaire. Nous ne nous ſéparâmes point le Docteur & moi ſans beaucoup d'attendriſſement. Le ſoir après ſouper Amélie ſe retira tout de ſuite. Je pris congé de Miſtriſs Harris. Elle m'embraſſa pluſieurs fois & verſa des larmes en me voyant éloigner. Cette preuve de ſon affection me toucha ſenſiblement; je revins ſur mes pas & l'embraſſai encore. Elle m'appella ſon fils bien-aimé; elle me dit qu'elle ne mettroit plus de différence entre Amélie & moi. Miſs Betzy me ſouhaita un heureux voyage, du ton dont on ſouhaite le bon ſoir. Tous mes ordres donnés & mes devoirs remplis, je deſtinai à l'amour le peu de momens qui me reſtoient. J'entrai chez Amélie; je marchois doucement la croyant couchée & peut-être endormie; mais ſa femme-de-chambre me dit qu'elle prioit dans ſon cabinet. J'en ouvris la porte & vis ma charmante compagne proſternée à terre, le viſage couvert de larmes; elle ſoupiroit comme ſi ſon cœur eût été prêt à ſe briſer. Je la relevai, la fis aſſeoir ſur un ſopha, me plaçai à ſes côtés. Je voulois me plaindre du peu de fermeté qu'elle montroit; mais en la regardant il me fut impoſſible de lui reprocher une douleur que mon cœur partageoit.

Pourquoi donc cet abattement, ma chere, lui dis-je? pourquoi donc ces pleurs, ces gémiſſemens? n'avez-vous pas conſenti...... Non, interrompit-elle, non je n'ai point conſenti à ce cruel départ. Je viens de demander au ciel la force de ſoutenir cette épreuve terrible, je ne l'ai point obtenue. Ah Jemmy! je ne ſupporterai point votre éloignement & mes craintes. Quoi, vous m'abandonnez! quoi, des mers, un eſpace immenſe va nous ſéparer! ces jours ſi heureux, ſi courts, à préſent longs & triſtes, ſe ſuccederont ſans me rendre la douceur de vous voir; ils ne m'apporteront en renaiſſant que du trouble & de l'amertume, de dévorantes inquiétudes. Vous m'aimez, dites-vous, vous m'aimez

& vous partez, vous fuyez, vous me laiſſez; ah mon amour eſt bien plus fort, bien plus tendre que le vôtre! quelle conſidération m'engageroit à vous cauſer une ſeule des peines dont mon ame ſe ſent accabler?

Eh croyez-vous, ma chere Amélie, lui dis-je, qu'il ſoit une douleur plus ſenſible que celle d'entendre ce reproche de votre bouche? Quand je ſuis à regret un devoir indiſpenſable, quand je viens chercher de la conſolation auprès de vous, de vous que j'aime, pouvez-vous m'affliger, redoubler mon chagrin, pouvez-vous m'accuſer de peu de tendreſſe?.......Oui je le puis, dit-elle, quand vous préférez une vaine chimere aux biens réels dont vous nous privez tous deux. Quelle eſt cette réputation dépendante de l'opinion, du tems, des momens? Vous la conſerviez en terminant il y a deux mois: un événement que vous ne pouviez prévoir vous la feroit perdre à préſent. Tout immoler, tout oſer, dans la crainte de paſſer pour foible, eſt-ce là cet honneur dont les loix vous paroiſſent ſi ſaintes? n'eſt-on noble, n'eſt-on grand qu'en affrontant la mort, ou perſuadant aux autres qu'on ne la redoute point? que cette gloire eſt fantaſtique! Un Barbare, un Sauvage la dédaigneroit peut-être. Quelle eſt cette valeur ſi vantée? Un animal féroce guidé par ſon inſtinct eſt hardi, courageux, il attaque, il ſe défend, combat, triomphe, ou reſte atterré. Le peuple applaudit à ſa force, admire ſon audace, le nomme vaillant. La gloire qu'il peut acquérir comme vous, mérite-t-elle d'être achetée par le ſacrifice de tout ce qui vous eſt cher? Fixant alors ſes yeux animés ſur les miens, ſerrant mes mains avec tranſport : oſe t'élever au-deſſus de ces faux préjugés ; viens, mon cher Jemmy, viens chercher le bonheur avec moi ; allons habiter une ſimple cabane, dans des lieux écartés & tranquilles. Recommandables par nos ſeules vertus, nous n'exciterons point l'envie. L'œil de l'homme injuſte ou malin ne pénétrera pas notre aſile paiſible. Les traits empoiſonnés de la médiſance ne pourront nous atteindre : ſi ſa voix odieuſe s'éleve, nous ne l'entendrons point. Tu ſeras l'univers pour Amélie ; & ſon amour, ſes ſoins, ſes careſſes, ſes tendres attentions te feront oublier qu'il eſt d'autres humains.

Un mouvement involontaire me fit repouſſer ſes mains ; un ſeul regard rappella bien-tôt de plus nobles ſentimens dans ſon ame. Que dis-je, s'écria-t-elle ! quels conſeils ! mon intérêt a-t-il pu me les dicter? Ne m'accable point de ton indignation ; pardonne à ma foibleſſe, mon cœur ne fut jamais bas. Je condamne moi-même cette vile propoſition. Tu n'eſt pas fait pour t'y rendre, & je ſuis loin de l'exiger ; oublie la ; ne me mépriſe pas, mon cher Jemmy ; ouvre moi tes bras, cache ma rougeur dans ton ſein.

Je ne pus lui répondre. Je la pressai; elle me serra; nos soupirs se confondirent; nos larmes se mêlerent; nos levres & nos ames s'unirent; nous restâmes long-tems dans cette situation, triste, mais voluptueuse, dans une ivresse où la douleur & le plaisir se faisoient également sentir. Enfin l'amour l'emporta sur l'amertume, il suspendit nos peines, nos regrets, & ses transports ravissans succederent à nos pleurs.

Ah, s'écria Miss Matheus! qu'il est de délicieux momens dans la vie! Oui, dit Monsieur Fenton, & c'est le sentiment qui les donne & les fait goûter.

Nous passâmes une partie de la nuit, continua-t-il, à pleurer & à nous consoler. Elle me promit de ne point ſe livrer à ſa triſteſſe ; je lui promis de ne point m'expoſer avec témérité. Un peu avant le jour, fatiguée, appeſantie, elle s'endormit ſur mon ſein. Je crus devoir ſaiſir l'inſtant de ſon ſommeil pour la quitter. Je poſai doucement ſa tête ſur un couſſin. Je me dégageai inſenſiblement de ſes bras qui m'entouroient encore. Je craignois de l'éveiller, de la tirer d'un repos ſi néceſſaire à ſa ſanté & ſi favorable à mon éloignement. Je marchois lentement, me retournant à chaque pas pour la regarder. Un mouvement qu'elle fit m'arrêta ; je la contemplai long-tems, je la recommandai du fond du cœur à toutes les Puiſſances céleſtes ; enfin je ſortis, ou plûtôt je m'arrachai avec violence de ce cabinet où je laiſſois mon bien le plus précieux. Mes chevaux étoient prêts. J'écrivis un tendre billet à Amélie, ordonnai qu'on le lui rendît à ſon réveil, enſuite je partis ſuivi d'Atkinſon & d'un ſeul valet.

En perdant de vûe la ville de Londres, j'eus peine à retenir mes larmes. Je me retournai pluſieurs fois eſpérant de l'appercevoir encore, de profonds ſoupirs m'échappoient. Atkinſon me ſuivoit en ſilence. Lui voyant les yeux fort rouges je lui demandai ce qui l'affligeoit. Ah Monſieur, me dit-il, je ſuis sûr que Madame pleure, ſe déſole à préſent, & cette idée le fit pleurer lui-même. Son attachement pour Amélie me toucha. Je lui ſçus gré de l'intérêt qu'il prenoit à ſa

douleur.

douleur. Sa ſenſibilité me porta à lui laiſſer voir toute la mienne, à m'entretenir familierement avec lui. Peu-à-peu je découvris dans ſon caractere des qualités rares & eſtimables. Ce jeune homme accompliſſoit dix-huit ans quand je l'emmenai. Il étoit grand, bien fait, très-formé, avoit des traits réguliers & agréables, une phyſionomie douce, des ſentimens pleins de candeur. En recevant ſes adieux, le Docteur Harriſon lui dit devant moi : Mon enfant, regardez-vous comme tenant à tous les hommes. Regardez tous les hommes comme tenant à vous. Avant d'agir, examinez ſi l'action que vous allez faire n'attente au droit de perſonne ; & ſi quelqu'un nuit au vôtre, dites-vous à vous-même, je ſuis plus juſte & meilleur que cet homme. Permettez-vous cet orgueil, il guide à la vertu. Atkinſon profita de cette leçon & de toutes celles qu'il avoit reçues de lui. Sa valeur, ſon exactitude à remplir ſes devoirs, ſon naturel obligeant, lui acquirent bien-tôt l'eſtime de tous ceux qui le connurent, & ſon bon cœur lui donna dans le mien la place d'un ami.

J'arrivai le ſoir du lendemain au régiment. Mes camarades me virent avec plaiſir, ſur-tout Sir James, celui de tous qui m'étoit le plus cher.... Quel Sir James, demanda Miſs Matheus ? Sir James Eleſmore, un Baronnet du Comté de Kent, répondit Monſieur Fenton. Je le croyois Colonel, dit Miſs Matheus. Il l'eſt aussi, repliqua-t-il. Alors nous servions au même grade; depuis un héritage considérable lui a donné des facilités de s'avancer, dans le tems où la fortune m'en retiroit tous les moyens; mais est-il connu de vous, Miss ?

Connu, dit négligemment Miss Matheus, non; j'ai seulement entendu parler de lui comme d'un fou. On lui fait tort, assûrément, reprit Monsieur Fentón. C'est un homme aimable, un brave, un intelligent Officier, personne ne mérite mieux que lui l'attachement d'un cœur sensible & reconnoissant. L'absence ni le tems n'ont point affoibli notre mutuelle amitié; elle s'est entretenue par nos lettres, & j'ai senti un chagrin véritable en arrivant à Londres, d'apprendre qu'il étoit en campagne. De tous ceux que je fréquentois autrefois dans cette capitale, il eſt le ſeul qui y faſſe encore ſon habitation, & je m'y trouve actuellement étranger.

Votre prévention pour Sir James Eleſmore, reprit Miſs Matheus, vous a ſans doute caché ſes vices. Une de mes amies m'a aſſurée qu'il eſt hardi, effronté, même impudent avec les femmes, mépriſant également celle qui lui cede & celle qui lui réſiſte, traitant l'une de foible & l'autre d'obſtinée. L'inconſéquent perſonnage dédaigne l'eſtime d'un ſexe dont il paye cherement le rebut. Quelle créature dans la ville n'a pas eu l'honneur d'exciter ſes deſirs! au reſte, inconſtant, léger, ingrat & capricieux; le ſeul moyen de le fixer un peu de tems eſt, dit-on, de le traiter mal. On l'enchaîne par de mauvais procédés, par des propos durs, en lui montrant de la hauteur, du dégoût pour ſa perſonne & ſon eſprit. Alors il s'attache, ſuit, preſſe, importune, tourmente: à la vérité, quand on veut ſe débarraſſer de ſes ſoins, il ſuffit d'en paroître touchée, de feindre de la paſſion, de la tendreſſe; dans l'inſtant où il imagine être devenu néceſſaire au bonheur de ſa maîtreſſe, il l'abandonne; & content du triomphe qu'il croit remporter, il va chercher aux pieds d'une autre de nouvelles rigueurs & de nouveaux dédains.

Ce portrait n'eſt pas tout-à-fait

le ſien, dit Monſieur Fenton. J'ai vû Sir James amoureux; je l'ai vû honnête dans ſes ſentimens. En ſe mariant il a prouvé qu'il pouvoit eſtimer une femme. L'inclination la plus tendre, l'a ſeule engagé à ſe choiſir une compagne...... Qu'à préſent il ne peut ſouffrir, interrompit Miſs Matheus; je le ſçais, j'en ſuis sûre. S'il fournit abondamment à ſa dépenſe, à ſon faſte, à ſon orgueil (car cette femme en eſt remplie), c'eſt par vanité, par oſtentation; les défauts du caractere & de la perſonne de la Dame, ſont auſſi-bien connus de ſes maîtreſſes que de lui-même.

Ma foi, Miſs, tout cela peut être, reprit Monſieur Fenton. Vous l'aſſurez; je ne veux point diſputer contre vous ; mais rien ne m'obligera à changer d'idée ſur le caractere de Sir James, ni à croire légerement ce qui ſe dira à ſon deſavantage. Après tout, il eſt rare que les hommes ſe faſſent entr'eux un mérite ou un crime de leur façon de penſer ſur les femmes. Nous avons aſſez communément l'injuſtice de ſéparer leurs intérêts des nôtres. Quand un homme remplit à l'égard de ſon propre ſexe tous les devoirs de la ſociété, on ne s'aviſe gueres d'examiner ſes principes en amour.

En amour, répéta Miſs Matheus ! eſt-ce donc uniquement comme l'objet de vos paſſions, que vous enviſagez les femmes, Monſieur ? Ne ſont-elles pas vos meres, vos ſœurs, vos alliées, vos parentes, vos amies? Le mépris que vous affectez pour vos maîtreſſes n'avilit-il pas ces titres reſpectables? Eh, qui abaiſſe les femmes? qui en fait des folles? Vos deſirs pour elles, leurs bontés pour vous. La plus deshonorée de toutes, eſt celle dont le goût s'eſt déterminé en votre faveur, qui penſe comme vous, vit comme vous, adopte vos ſentimens, ſuit vos leçons. Il eſt bien conſéquent de mépriſer ces femmes ſeulement parce qu'elles vous aiment & vous imitent. Vous avez d'inſolens principes; une conduite plus inſolente encore. Vous êtes des tyrans, des inſenſés; & la moindre des femmes a cent fois plus de raiſon & de ſolidité que vous.

Je voudrois bien, reprit doucement Monſieur Fenton, que, pour le bonheur de l'humanité, on anéantît toute idée de ſupériorité entre vous & nous. Alors la diverſité des opinions pourroit ceſſer; ſi, comme je l'imagine, le goût de la domination en eſt l'unique ſource.

C'eſt une épreuve à faire, dit Miſs Matheus; mais on y trouveroit, je crois, des difficultés. Une prétention auſſi ancienne que leur exiſtence, entretient ſans ceſſe entre les deux ſexes cette meſintelligence ſecrete d'où procéde une éternelle guerre. Le beſoin, un attrait puiſſant & caché, une néceſſité abſolue les forcent quelquefois de ſuſpendre les hoſtilités: l'amour & l'intérêt exigent & obtiennent des treves momentanées ; mais l'animoſité ſubſiſte, les querelles renaiſſent. Après s'être aimé, on ſent du regret de ſe l'être dit, de la honte de ſe l'être prouvé. L'un ſe reproche ſes ſollicitations ; l'autre ſa complaiſance. On ſe hait, on ſe fuit, on ſe mépriſe. Un ſpectateur neutre (s'il étoit poſſible d'en trouver un) ſeroit tenté de douter ſi des êtres, qui s'accordent ſi mal, furent deſtinés par la nature à s'aimer, à s'unir, à ſe rendre mutuellement heureux. Mais laiſſons ce vieux procès. Reprenez votre hiſtoire ; je vous proteſte, mon ami, qu'elle m'intéreſſe.

Le plaiſir de revoir mes anciennes connoiſſances m'auroit été plus ſenſible, continua M. Fenton, ſi le ſouvenir d'Amélie m'avoit laiſſé la liberté de m'y livrer. Je trouvai beaucoup de douceur dans le commerce de Sir James. Je regrettois la préſence d'une femme adorée. Il venoit de ſe ſéparer d'une maîtreſſe dont il poſſédoit le cœur & deſiroit la main. Si ſa gayeté naturelle & peut-être un peu de cette légéreté d'eſprit que vous venez de lui reprocher, ne lui permettoit pas de ſe montrer auſſi mélancolique, auſſi triſte que moi, la conformité de nos ſentimens rapprochoit encore nos cœurs & reſſerroit les liens de notre amitié. Le ſixieme jour après mon arrivée, nous nous embarquâmes & fimes voiles pour Gibraltar. Le vent, favorable à notre route, changea dès la ſeconde nuit. Nous fumes battus le lendemain d'une violente tempête ; elle dura le jour ſuivant, augmenta, devint ſi terrible que nous perdîmes tout eſpoir d'échapper à la fureur des vents. Toujours pouſſés contre des rochers, à chaque inſtant nous croïons voir briſer notre vaiſſeau. Je l'avouerai, Miſs ; je frémis cent fois à l'aſpect d'une mort ſuivie des regrets, de la douleur, des gémiſſemens de l'aimable femme qui attachoit à mon exiſtence tout le bonheur de ſa vie. Je me la repréſentois, apprenant la nouvelle de mon naufrage. Quel coup pour cette ame ſenſible ! Prêt à périr ſans gloire, ſans utilité, ſans avoir illuſtré mon nom, ſans laiſſer de moi cette mémoire, dont l'idée conſole un guerrier expirant dans les champs de l'honneur, je me diſois, je me répétois, n'ai-je donc ſuivi mon devoir avec tant d'exactitude, que pour déchirer le cœur de ma chere Amélie?

Le péril ſembloit inévitable. Le vaiſſeau faiſoit eau de tous côtés. Malgré les proteſtations du capitaine, ſes cris, ſes ſermens de ne point l'abandonner, on mit la chaloupe en mer, & il fut un des premiers à s'y jetter. J'y fis entrer Atkinſon. J'allois le ſuivre. Mais ne voyant point Sir James, je l'appellai, le cherchai des yeux, & l'appercevant de l'autre côté du pont, je le preſſai de venir. Pendant ce tems, un coup de vent éloigna la chaloupe. J'entendis Atkinſon pouſſer des cris, répéter mon nom. Un inſtant après, je le vis au milieu des eaux, luttant contre les vagues, nageant vers nous, & s'efforçant de regagner notre bord. Il y parvint : on l'aida à remonter. Je lui demandai comment il étoit tombé, ou qui l'avoit jetté à la mer. Il me répondit qu'il revenoit de ſon propre mouvement. Preſſé de me dire la cauſe de cette action extraordinaire, il m'avoua, en pleurant, qu'il aimoit mieux périr avec moi, que de vivre & porter la nouvelle de ma mort à ſa maîtreſſe, à ſa digne & chere maîtreſſe.

Attendri, juſqu'au fond du cœur, d'une preuve ſi touchante de ſon affection pour Amélie, je le tins long-tems ſerré dans mes bras ſans avoir la force de parler. En lui donnant cette ſenſibilité , cet excellent naturel, le ciel le voulut préſerver d'une mort aſſurée. Un moment après ſon retour, nous vîmes la chaloupe ſubmergée. Elle s'abyma & ne reparut plus. Nous attendions le même ſort, quand un gros vaiſſeau de guerre, qui nous eſcortoit & dont l'orage nous avoit ſéparé, nous joignit enfin & nous reçut à bord. Sir James me dit qu'il ſe trouvoit heureux de s'être ſenti ſi incommodé de la mer ; qu'entendant ma voix, il n'avoit pas eu la force de faire un pas vers moi. Sans mes accidens redoublés, ajouta-t-il, nous périſſions tous trois. En effet le ſoin de le ſauver m'arrêta au moment où j'allois deſcendre dans la chaloupe.

Ainſi Atkinſon & moi dûmes notre conſervation à l'amitié.

Eh, que ne lui devroit-on pas, à l'amitié, s'écria Miſs Matheus, ſi l'intérêt & l'amour propre n'affoibliſſoient en nous ce ſentiment ! Qu'il eſt doux, qu'il eſt ſatisfaiſant de ſe dire : j'ai un ami véritable, un fidele confident, un conſeiller ſincere ; il eſt un cœur qui reſſent, qui partage tous les mouvemens du mien ! Cette aſſurance n'eſt-elle pas le plus grand des biens ?

Je penſe comme vous, Miſs, dit Monſieur Fenton. On ne peut trop repéter aux hommes de s'aimer. Aimons-nous tous, aimons-nous ſincérement ? alors l'enchaînement des bienfaits & de la reconnoiſſance entretiendra une chaleur active, une joie pure dans nos cœurs. Cette activité en banira l'ennui ; la triste méditation qui rassemble, sous nos yeux, tous les maux attachés à notre être, nous fait craindre ceux que nous n'avons point encore soufferts, & nous exagére les peines dont nous sentons l'amertume.

Se servir, s'obliger, rien de mieux dans la spéculation, dit Miss Matheus. Mais comment s'aimer, quand il est difficile même de se supporter ? On a tant de motifs, tant d'occasions de se haïr ; les humains sont si maussades ! Eh, croyez-vous qu'ils le soient tous, reprit-il ? Mais à peu près, dit-elle. Quoi, dit encore Monsieur Fenton, aurons-nous la dureté, le malheur de conclure que les humains ne s'aiment point, qu'il est impossible qu'ils s'aiment ? Impoſſible, répéta Miſs Matheus, c'eſt trop avancer ; & le fixant d'un air tendre, on ne le penſera jamais en vous regardant, dit-elle.

Une partie du régiment étoit arrivée avant nous, pourſuivit Monſieur Fenton. Je ne vous parlerai point des tranſports de joie que fit éclater la garniſon de Gibraltar, en recevant un ſecours qui lui devenoit très-néceſſaire. Vous ſçavez que le ſiége fut long & meurtrier. J'eus le bonheur de m'y diſtinguer. Je recevois des lettres fort tendres d'Amélie. J'employois toutes mes heures de loiſir à lui en écrire de paſſionnées. Nos paquets étoient immenſes ; mais leur réception dépendoit des vents. Une parfaite tranquillité ne pouvoit habiter ni ſon cœur ni le mien. Ces marques de notre ſouvenir ſuſpendoient ſeulement nos chagrins. Triſte effet de l'abſence & de l'éloignement ! ſi l'inquiétude ſe diſſipe un inſtant, elle renaît auſſitôt.

Quatre mois après mon départ, Miſtris Harris m'apprit une heureuſe nouvelle. Amélie venoit de donner le jour à un fils. Le ſoir même je fus légérement bleſſé à la défenſe d'un baſtion où les Eſpagnols ſe trouverent vigoureuſement repouſſés. Six ſemaines après, le bonheur qui m'avoit accompagné dans pluſieurs ſorties m'abandonna. Nous en fimes une où, par un zèle imprudent peut-être, je penſai reſter. Conſidérablement bleſſé, mais obſtiné à brûler un ouvrage, je ne voulus point quitter de braves grenadiers que j'avois menés en avant. Je reçus encore un coup de feu. Alors renversé sans force, sans sentiment, on alloit m'achever, quand Atkinson combattant à mes côtés, soutenu de quelques soldats dont j'étois aimé, se fit jour au travers des Espagnols qui se jettoient sur moi, m'enleva, me rapporta dans la ville, me conduisit à mon logement, & me procura tous les secours nécessaires à mon état.

Mes blessures se trouverent dangereuses. La fiévre me prit : on desespéra de ma vie. Je connus ma situation, & m'occupai du soin de retarder la douleur & les larmes d'Amélie. Malgré l'opposition de tous ceux qui m'environnoient, je lui écrivis avec peine, avec difficulté, mais avec tant de précaution, qu'il étoit impossible de penser, en voyant ma lettre, qu'un mourant avoit pu l'écrire. Je sentois un regret amer d'être séparé d'elle, de mourir loin d'elle, & quelquefois un desir violent d'aller expirer dans ses bras. Je voulois m'embarquer, retourner en Angleterre ; je le disois à Sir James. Quand je ne vivrois qu'une heure à Londres, lui répétois-je souvent, je verrois Amélie, je bénirois mon fils, j'emporterois au tombeau la consolation d'avoir donné encore une preuve de ma tendresse à la femme qui m'est si chere, qui va me perdre pour toujours. Sir James me représentoit combien cette preuve de mon affection ſeroit cruelle. Il attribuoit à la fiévre tous les projets que je formois, & ſe prêtoit avec complaiſance à l'égarement de mon eſprit, ou à la foibleſſe de mon cœur. Il ne me quittoit point dans les momens dont il pouvoit diſpoſer ; & quand il ſortoit, Atkinſon prenoit ſa place, me ſervoit avec ſoin, avec zèle ; l'un & l'autre ſe ſont acquis des droits immortels à ma reconnoiſſance. Jamais je ne perdrai le ſouvenir de l'amitié de Sir James, ni des affectionnés ſervices de l'honnête Atkinſon.

Je paſſai quinze jours entre la vie & la mort. Enfin la fiévre me quitta. Je ſentis du ſoulagement, & l'on conçut l'eſpoir de ma guériſon.

Au bout d'un mois, on me déclara hors de danger. Mais une extrême inquiétude commença à s'emparer de mon eſprit. Je ne recevois point de réponſe d'Amélie. Son cœur m'étoit trop connu pour qu'il me fût poſſible d'attribuer ce ſilence à l'oubli. J'envoyois à tout moment ſçavoir ſi je n'avois point de lettres. Un matin je vis accourir Atkinſon, tout rouge, tout ému. Son air, ſes regards ſembloient m'annoncer un événement agréable. Cependant il ſe taiſoit, ſourioit, faiſoit des ſignes d'intelligence à quelqu'un, dont la poſition de mon lit me cachoit la vûe. Eh bien, eſt-ce une lettre, lui demandai-je ? Rappellez toutes vos forces, Monſieur, me dit-il ; je tremble, je crains de m'expliquer. On vient de me dire que le plaiſir pouvoit vous cauſer une révolution dangereuſe. Mais comment vous priver de celui qui ſe prépare pour vous ? Au nom du ciel, ne vous étonnez point ; ne vous agitez pas, calmez vos eſprits. Vous allez recevoir une viſite...... Un ange va venir vous conſoler... Mon Dieu ! quelle tendreſſe ! quel courage ! ... Oui, c'eſt un ange que vous allez voir... Quoi, m'écriai-je douloureuſement, ce n'eſt point une lettre d'Amélie ? Non, Monſieur, ce n'eſt point une lettre. C'eſt..... c'eſt Amélie elle-même, dit une voix dont les accens flatteurs s'ouvrirent un paſſage juſques au fond de mon ame. Mes ſens m'abandonnerent un inſtant. En recouvrant leur uſage, je me trouvai dans

dans les bras de ma chere Amélie.

Peignez-vous ma joie, mon étonnement, ma reconnoiſſance, mes tranſports. Une vûe ſi chere, ſi deſirée, un bonheur ſi grand, ſi peu prévu, ſi long-tems, ſi ardemment ſouhaité, remplit mon cœur d'un plaiſir délicieux. O ma charmante amie, ô la plus tendre, la plus digne, la plus aimée de toutes les femmes! Eſt-il bien vrai que mes yeux ſont attachés ſur les tiens; que mes bras te preſſent! Eſt-ce toi, eſt-ce bien toi, lui répétois-je, en baignant ſes mains & ſon viſage de mes larmes? Ah, parles-moi; fais retentir à mes oreilles ces douces inflexions qui les ont tant de fois charmées? Aſſûre ton heureux poſſeſſeur qu'une illuſion ne le ſéduit pas. Mets le comble à ma félicité, en me prouvant qu'elle n'eſt point fantaſtique.

Après ces premiers mouvemens, nous commençâmes à nous entretenir avec plus de ſuite & de modération. Elle me fit de tendres reproches de lui avoir laiſſé ignorer ma ſituation. Elle ne put approuver les motifs de mon ſilence. Quand je lui dis que j'avois eu des deſirs violens de m'embarquer, d'aller la revoir, de l'embraſſer en mourant, de paſſer mon dernier jour avec elle, & que la crainte d'empoiſonner le reſte des ſiens s'étoit ſeule oppoſée à ce deſir : le reſte des miens, dit-elle ! ah, dans l'affreuſe ſuppoſition de votre perte, ces ménagemens euſſent été vains. O mon cher

Jemmy, le dernier de tes jours n'aura point de lendemain pour moi !

Je demandai à Amélie comment elle avoit été informée de mon état. Elle me montra un billet, par lequel on lui donnoit avis de se hâter d'aller à Gibraltar, si elle vouloit jouir encore une fois de la vûe d'un mari qu'on sçavoit lui être très-cher. On lui apprenoit que, blessé de plusieurs coups à la derniere sortie, sans le secours d'un homme à moi, je serois resté mort à l'attaque d'un ouvrage. Je reçus ce billet & votre lettre en même temps, me dit-elle ; vous jugez, mon cher Jemmy, que je ne l'ouvris pas le premier ; & ce fut un bonheur pour moi. Tremblante cependant après l'avoir lu, j'envoyai par-tout chercher le détail de cette ſortie. Il ne s'en trouva point. On ſçavoit ſeulement qu'il s'en étoit fait une, mais ſans beaucoup de perte du côté des Anglois. Hélas ! la mort d'un petit nombre ſemble ne point intéreſſer la nation ; mais que de tendres cœurs frémiſſent au récit de la plus légere attaque, de la moindre rencontre! N'apprît-on le malheur que d'un ſeul, toutes nos idées ſe portent ſur celui dont la conſervation eſt l'objet de nos vœux. Ah, mon cher Jemmy, que votre ſexe eſt heureux, s'il ne connoît pas la crainte !

La date de cette ſortie me raſſûra, continua-t-elle. Celle de votre lettre me prouvoit que vous l'aviez écrite le lendemain. Pourtant rien ne dissipoit entierement la triste impression de cette nouvelle donnée par une main inconnue. Comment me persuader qu'il existoit une personne assez cruelle pour se faire un jeu de répandre l'amertume au fond de mon cœur, pour s'amuser de mes allarmes ? Quel fruit recueilleroit-elle de cette odieuse malice ? J'en parlois sans cesse à ma mere. Elle ne comprenoit rien à l'avis qu'on m'avoit donné ; mais elle en paroissoit aussi frappée que moi. Deux jours se passerent. Le soir du troisieme, ma sœur revenant de l'inventaire de Lady Courteney... Quoi, interrrompis-je, cette dame est morte ? Oui, subitement, reprit Amélie. Ma mere en a été très-touchee, malade même ; d'autant plus que le pauvre Burton, ſon homme d'affaires, eſt mort deux jours après. Il avoit ſa confiance. Elle le regrette ; & je l'ai laiſſée dans l'embarras de le remplacer.

Betzy trouvant Lady Coverly à l'inventaire, apprit d'elle que ſon frere étoit arrivé de Gibraltar ſur le même vaiſſeau qui portoit la nouvelle de cette ſortie ſi intéreſſante pour moi. Curieuſe d'en connoître les circonſtances, afin de vous raſſûrer entierement ; ma ſœur, me dit-elle, j'ai été chez Milady. J'ai vu ſon frere. O ma ſœur, ma ſœur, le pauvre Fenton..... Elle s'arrêta. Me voyant pâlir, calmez-vous, dit-elle, tout n'eſt pas déſeſpéré ? mais..... Elle s'arrêta encore. Monſieur Fenton eſt bleſſé, fort bleſſé, ajouta-t-elle. On vous donnoit un avis trop véritable. Jugez, mon cher Jemmy, de la révolution de tous mes ſens à cette cruelle confirmation de mon malheur. Grand Dieu, en quel état ! . . . Mais je ne veux pas troubler la douceur du fortuné moment qui nous raſſemble, par le détail des tourmens de mon cœur. Le deſir de voler à votre ſecours me donna la force de ſoutenir cette extrême douleur.

J'allai chez Lady Coverly. Elle m'étonna en m'aſſûrant que ma ſœur, étant avec elle au moment de l'arrivée de ſon frere, ſçavoit votre funeſte aventure deux ou trois heures avant la diſtribution des le tres. J'attribuai le ſilence de Betzy à ſon amitié pour moi, & lui reprochai pourtant un ménagement qui retardoit la preuve la plus tendre que je pusse jamais vous donner de mon affection. C'est la crainte de vous affliger, de vous voir partir, ma sœur, me dit-elle, qui m'a forcée à me taire. Ce voyage est indispensable, je le sens ; mais je sçais combien ma mere en ressentira de peine. Si je m'étois hâtée de vous instruire, elle auroit rejetté tous ses chagrins sur moi. A présent j'ai cru devoir vous dire ce que les papiers du soir vous alloient apprendre.

Mon premier soin fut d'ordonner les préparatifs de mon voyage. Déterminée à partir la nuit même, j'entrai chez ma mere. Elle venoit d'être informée de votre état ; elle pleuroit.

pleuroit. Je me jettai dans ſes bras. Je lui demandai la permiſſion de me rendre auprès de vous. Ce fut avec la plus grande répugnance que cette bonne, cette aimable mere conſentit à me laiſſer entreprendre un voyage qui m'expoſoit à tant de périls; mais ma vie dépendoit de ſa complaiſance. Elle me ſerroit tendrement, eſſuyoit mes larmes, arroſoit mon viſage des ſiennes. Ma fille, ma chere fille, diſoit-elle, ſi je ne vous revoyois plus, ſi je vous perdois, ah mon Dieu! ſi vous m'ôtiez cet enfant, ſi je lui parlois pour la derniere fois! Jugez, mon cher Jemmy, des combats de mon triſte cœur. Comment quitter ma mere? comment vous abandonner à des ſoins étrangers? Le Docteur Harriſon, que j'avois fait avertir, vint mêler ſes ſoupirs à nos larmes. Il plaignoit ma mere, mais il approuvoit mon départ. Sans une affaire indiſpenſable qui le conduiſoit à Mansfeld, & devoit l'y retenir deux ou trois mois, ce digne ami m'auroit accompagnée ici. Je ne puis vous exprimer la douleur que je ſentis en me ſéparant de ma mere, j'en éprouve encore en me rappellant ſes vœux & ſes tendres bénédictions. Je recommandai mon fils à ſes ſoins maternels, & partis pénétrée d'une triſteſſe inconcevable. Je vous vois; ma préſence excite votre joie, elle contribuera au rétabliſſement d'une ſanté ſi précieuſe pour moi; puis-je ne pas m'applaudir de ce que j'ai fait? Quel bonheur je me promets, mon cher

Jemmy ! Nous retournerons bientôt en Angleterre. Nous reverrons ma mere ; elle vous préſentera votre fils ; mes bras vous preſſeront enſemble contre mon ſein ; je réunirai dans ce cercle étroit tous les objets des plus vives affections de mon cœur.

J'examinai avec Amélie ce billet dont elle ignoroit la main. L'écriture me parut celle d'un homme de pratique. Rien n'en indiquoit l'auteur. Quel intérêt pouvoit engager un inconnu à ſe hâter d'affliger Amélie, à l'éloigner, à lui conſeiller de venir à Gibraltar ? Dans l'impoſſibilité de deviner, nous ceſsâmes d'y penſer.

Depuis l'arrivée d'Amélie, je ſentois renaître mes forces. La pureté de mon ſang aidoit à avancer ma convaleſcence. Mes bleſſures ſe refermoient ; je reprenois des couleurs. Tout mon être ſe ranimoit. Les ſoins d'une femme qui nous aime ſont ſi attentifs, ſi doux, ſi conſolans. Combien de fois un ſouris d'Amélie m'a fait ſupporter l'amertume des ſalutaires poiſons qu'elle me préſentoit ! En vérité, Miſs, celui qui n'a pas goûté le plaiſir d'être chéri d'une aimable femme, n'a point d'idée du bonheur.

Sir James trouva Amélie digne de la paſſion violente qu'elle m'inſpiroit ; les charmes de notre union redoublerent le deſir qu'il ſentoit de ſe marier lui-même. Je ſouffrois encore, mais que d'adouciſſemens à mes maux! Ma femme, mon ami empreſſés à me ſervir, à me diſtraire, ſans ceſſe occupés de moi, rendoient tous mes momens heureux; mais que je payai chérement les attentions careſſantes d'Amélie! A peine commençois-je à me lever, à me ſoutenir, à marcher lentement dans ma chambre, que je vis ma charmante compagne perdre la vivacité de ſes yeux & l'éclat de ſon teint; la couleur de ſes levres ſe ternit, ſon embonpoint diſparut. Triſte, foible, abattue, malade ſans ſymptômes d'aucune maladie, languiſſante, elle paroiſſoit une fleur deſſéchée par l'ardeur brûlante du ſoleil; enfin elle ſuccomboit ſous le poids de cette affreuſe létargie des ſens, ſi cruelle à éprouver, ſi difficile à définir, de ce mal commun & biſarre, dont la cauſe inconnue & les effets viſibles détruiſent les plus forts tempéramens, & qu'on déſigne ordinairement par le nom de vapeurs.

Des vapeurs! ah quel ſupplice, que vous étiez malheureux, s'écria Miſs Matheus! Une femme vaporeuſe eſt l'être le plus ennuyeux, le plus deſagréable dont on puiſſe ſe former l'idée. Rien de plus dégoûtant que ſon commerce; il eſt fâcheux, fatiguant, inſuportable: pauvre mari, que je vous plains!

Vous êtes bien bonne, Miſs, reprit Monſieur Fenton; mais ce n'eſt pas moi qui devrois exciter votre tendre compaſſion, c'eſt l'aimable personne que sa généreuse affection réduisoit dans cette affligeante situation. Les desagrémens dont vous venez de parler ne me frapperent point. Pénétré de la voir souffrir, je partageois ses peines ; elles me causoient de la douleur sans me rendre fâcheuse l'amie qui m'en paroissoit accablée. La fatigue, l'ennui, le dégoût ne sont pas des termes propres à exprimer les mouvemens qu'élevent dans notre ame les maux d'une femme adorée & digne de l'être. Chere Amélie ! Jamais elle ne m'inspira des sentimens plus passionnés. Elle ! me donner de l'ennui, me rebuter, me déplaire ! ah, jamais, jamais le dégoût & l'image d'Amélie ne se présenteront ensemble à mon idée.

Sçavez-vous bien, Monſieur, dit Miſs Matheus, que vous êtes fort ſingulier, d'un commerce très-difficile, & que votre ſociété n'eſt point douce? la moindre réflexion vous choque; vous prenez un air boudeur, un ton fâché. Fi, quelle enfance! Défaites-vous de ces petits travers. Votre abſence de Londres vous a rendu trop provincial; on n'y tient pas. Il ne faut point rougir, continua-t-elle; il faut ſe corriger, entendez-vous, Monſieur. Rien ne m'engage à ſupporter vos humeurs. Reprimez celle que je vous vois, & pourſuivez l'hiſtoire de ces vapeurs enchantereſſes.

Les Eſpagnols paroiſſoient rebutés; le ſiege près de ſa fin, reprit Monſieur Fenton; je ne pouvois plus être compté au nombre des défenſeurs de la place ; on me permit, on me preſſa même de me retirer. Amélie vouloit retourner en Angleterre ; mais Sir James m'aſsûrant que l'air de France la rétabliroit, je m'obſtinai à la conduire à Montpellier. Miſs Fanny Maderty, la jeune perſonne que mon ami aimoit, à la ſuite d'une maladie dangereuſe, ſe trouvoit accablée de langueur, & dans une ſituation pareille à celle d'Amélie. Le Colonel Maderty ſon frere la menoit à Montpellier, & James ſe faiſoit un plaiſir délicat d'aller l'y trouver immédiatement après la levée du ſiege. Le deſir de lier Miſs Fanny avec Amélie, de ſéjourner un peu de tems enſemble dans un pays charmant, &

de repaſſer en Angleterre ſans nous être quittés, rendoit Sir James fort preſſant, & me portoit à ſouhaiter ce voyage. Ma chere Amélie s'y détermina malgré ſa répugnance. Depuis ſon arrivée à Gibraltar, elle n'avoit reçu qu'une lettre de ſa mere. Son ſilence l'inquiettoit. Elle lui écrivit avant de s'embarquer, & la pria de lui adreſſer ſa réponſe à Montpellier. Je recommandai Atkinſon à Sir James. Milord Gage l'avoit fait paſſer aux Grenadiers, l'aimoit, vouloit ſe l'attacher & prendre ſoin de ſa fortune. En me diſant adieu, cet honnête garçon me donna une preuve nouvelle de la bonté de ſon cœur & de la nobleſſe de ſes ſentimens.

Pluſieurs Officiers dînant chez moi

la veille de mon départ, on joua tout le jour. La fortune me favoriſa d'abord, m'abandonna enſuite, revint encore, & je me trouvai cinq cens guinées de reſte en quittant le jeu. Sir Williams, un des perdans, me propoſa de jouer contre lui au trente & quarante, & me gagna quatre cent guinées avec une rapidité ſurprenante. Atkinſon, témoin de ma perte, ignorant le bonheur que j'avois eu auparavant, ſe retira fort triſte. Le lendemain il vint me trouver de grand matin, & me dit d'un air timide qu'il voudroit bien me confier un ſecret. Je me retirai avec lui pour l'entendre. Il commença par me conjurer de ne point m'offenſer de ſa hardieſſe. Il ne me convient peut-être pas, Monſieur, continua-t-il, de vous donner de mon attachement toutes les marques.... Il s'arrêta ; je l'encourageai à s'expliquer. Pardonnez à mon zèle, reprit-il, & daignez l'agréer. J'ai ſauvé la vie à un Officier Eſpagnol actuellement priſonnier dans le fort. Pour reconnoître le ſervice que je lui ai rendu en m'oppoſant à la cruauté de mes camarades, qui vouloient le tuer ; il m'a forcé d'accepter cette bague échappée à leurs avides recherches. Alors Atkinſon me préſenta un diamant, qui pouvoit valoir deux ou trois cent guinées. Je le félicitai de cette petite fortune, & plus encore du ſentiment d'humanité dont elle étoit la récompenſe. Je voulois lui rendre ſon diamant ; mais ſe reculant en arriere, joignant ſes mains : Si j'oſois, Monſieur, ſi j'oſois vous prier de le garder. Madame eſt malade; vous allez en France; vous ne ſçavez pas ſi des événemens ne vous y retiendront point au-delà du tems que vous croyez reſter. Au nom du ciel, Monſieur, que ma liberté ne vous révolte pas. Je ſuis né dans l'abaiſſement, je connois la diſtance qui eſt entre nous; mais s'il ne m'appartient pas de rendre ces ſervices à mes ſupérieurs, il leur convient de m'accorder des graces. Acceptez ce diamant, Monſieur; ne mépriſez pas l'amitié du pauvre Atkinſon, & comblez ſon cœur de joie, en lui permettant de vous être utile.

La nobleſſe de cette offre m'attendrit; j'embraſſai Atkinſon, le remerciai, l'aſſurai que je ne manquois pas d'argent; & pour le conſoler d'un refus qui l'affligeoit, je lui jurai qu'après Sir James il étoit de tous mes amis celui dont j'accepterois un tel ſervice avec moins de répugnance.

Nous mîmes à la voile par le plus beau tems du monde. Notre voyage fut heureux & notre route agréable. En approchant des côtes de France, j'eus le plaiſir d'obſerver un changement conſidérable dans la perſonne de ma chere compagne. Elle commençoit à reſpirer ſans pouſſer ces longs ſoupirs qui déchiroient mon cœur. Le ſommeil ramenoit la fraîcheur ſur ſes joues. Un tendre incarnat revenoit inſenſiblement ſe mêler à ſon extrême blancheur ; ſes yeux ſe ranimoient ; je la voyois s'embellir, reprendre avec ſes charmes cette gaieté douce & cette égalité d'humeur qui rendent ſon commerce délicieux.

En arrivant à Montpellier je m'informai du Colonel Maderty. Ne le trouvant point encore venu, je me logeai dans une jolie maiſon où demeuroit depuis ſix ſemaines un jeune Provençal, appellé le Chevalier de Jerſac. Sa figure me plut & ſon eſprit me charma. Amélie aimoit la langue Françoiſe ; nous la parlions parfaitement tous deux : ainſi je pouvois goûter l'agrément de la converſation du jeune Chevalier. Vif, léger, aſſez inſtruit, Monſieur de Jerſac joignoit à cette politeſſe aiſée qui diſtingue les François, un air ouvert, des façons très-nobles & le plus ſéduiſant jargon. Il parloit beaucoup, contoit bien, ſe répétoit un peu, connoiſſant toute la France, ſçavoit les anecdotes ſecrettes de la cour & de la capitale. Un ſéjour de trois ans à Paris lui rendoit fâcheux un retour néceſſaire dans ſa province; des affaires d'intérêt le rappelloient au ſein de ſa famille, & ſa ſanté exigeoit, diſoit-il, le repos qu'il prenoit à Montpellier.

Amélie obſervant un régime, reſta renfermée les premiers jours; mais la voyant parfaitement remiſe, j'exigeai qu'elle fît les honneurs de ſa table à l'agréable François qui vouloit bien nous accorder ſa compagnie

pagnie à toutes les heures, & mangeoit réguliérement chez moi. Monſieur de Jerſac s'empreſſa d'amuſer Amélie. D'abord elle prit aſſez de goût à ſon entretien, parut entendre ſes récits avec plaiſir ; mais bientôt elle changea pour lui, le trouva frivole, médiſant, téméraire dans ſes jugemens & hardi dans ſes déciſions. Elle s'étonna qu'une converſation ſi peu variée, des propos ſi futiles, puſſent attirer mon attention. Elle devint ſérieuſe, froide, preſque incivile. Ses dégoûts augmenterent, furent ſi marqués, que le Chevalier me laiſſa voir qu'il les appercevoit & s'en trouvoit mortifié. Je demandai doucement à Amélie comment il étoit poſſible qu'elle tînt une conduite ſi deſobligeante à l'égard d'un homme aimable, dont la ſociété devoit lui plaire; par où méritoit-il d'exciter ſes mépris? Elle ne me fit point de réponſe poſitive, mais elle me reprocha de préférer la compagnie de cet étranger à la ſienne. Elle avoua qu'il lui inſpiroit de l'éloignement pour ſes compatriotes; que ſes diſcours lui faiſoient haïr tous ceux dont il parloit. Elle me preſſa de changer de demeure, & me dit d'un ton décidé, même abſolu, qu'elle reſteroit dans ſa chambre, & ne ſe mettroit plus à portée de voir ni d'entendre le Chevalier de Jerſac. Une biſarrerie ſi difficile à concilier avec ſon caractere, me ſurprit & m'affligea : refuſer de contenter Amélie, la contrarier, lui laiſſer croire que je pouvois lui préférer quelqu'un, ou rompre impoliment avec un homme dont je n'avois pas le moindre ſujet de me plaindre, dont j'aimois le commerce, c'étoit une dure alternative. En y réfléchiſſant, je penſai pour la premiere fois, qu'une femme accomplie pouvoit être un peu déraiſonnable.

Fites-vous cet effort, dit Miſs Matheus ? oſates-vous trouver *un peu déraiſonnable* le plus ridicule caprice? Je me doutois bien qu'Amélie prendroit avantage de toutes vos folles adorations. J'aime à voir l'homme, cet être ſupérieur, ſe laiſſer ſubjuguer : un mari ſoumis m'enchante. C'eſt un lion pris dans les toiles, qui n'oſe ſe débattre de crainte de laiſſer apperçevoir qu'il ſent ſon eſclavage. Eh bien, comment ſe termina cette querelle?

Querelle, Miſs, répéta Monſieur Fenton? je n'ai jamais querellé avec Amélie. Quoi, reprit-elle, vous eutes la bonté de céder à cette fantaiſie? On eſt bien foiblement épris, continua-t-il, quand on examine le deſir de ce qu'on aime avant de le ſatisfaire. Je me ſuis depuis reproché ma ſecrette réſiſtance, en me promettant de ne jamais héſiter à remplir les vœux d'Amélie dans l'inſtant où ils me feroient connus. L'arrivée de Miſs Fanny & de ſon frere me tirerent de cette embarraſſante poſition, pourſuivit-il. Les deux Dames ſouhaiterent de loger enſemble. Nous prîmes une maiſon en commun le Colonel Maderty & moi;

ainſi je me ſéparai de Monſieur de Jerſac ſans qu'il pût rien trouver d'extraordinaire dans mon procédé; il continua de nous voir, mais avec moins d'aſſiduité ; & dès qu'il paroiſſoit, Fanny & Amélie ſe retiroient.

Ma nouvelle ſociété ne me dédommagea point de celle que je venois de perdre. Miſs Maderty, encore languiſſante, s'occupoit entiérement de ſa ſanté. Amélie la plaignoit, elles s'attacherent à ſe plaire, y réuſſirent & ne ſe quitterent plus. Je ne ſçais comment le Colonel me trouva, mais il me fallut un peu de tems pour m'accoutumer à ſa figure, moins extraordinaire pourtant que ſon caractere.

Sir George Maderty eſt fort brun,

très-laid. Sa taille haute, mince, aſſez bien priſe, lui donneroit l'air noble s'il n'affectoit point un maintien qui met de la roideur dans tous les mouvemens de ſa perſonne. Il hait la raillerie, craint d'en être l'objet, eſt ignorant, entêté, n'a point de principes, ne ſçait rien, n'a rien vû, ne connoît rien, jure en grivois, ſe bat en homme de cœur, aime ſon métier, & s'eſt diſtingué dans pluſieurs occaſions. Grand duelliſte, il propoſe un rendez-vous comme il feroit un ſouper; ſa folie eſt de paſſer pour Stoïque, de perſuader que rien ne peut altérer la paix de ſon ame, qu'il eſt au-deſſus des paſſions, cependant la plus petite bagatelle le met hors de lui-même. Il a de la candeur, il eſt bon, à tout prendre les qualités de ſon cœur peuvent faire excuſer les travers de ſon eſprit.

Malgré l'humeur que vous me reprochez, Miſs, je m'accomode aiſément à celle des autres. Pendant quinze jours je vécus en fort bonne intelligence avec Sir George, mais elle penſa ſe détruire par un accident aſſez ridicule. Un matin en m'éveillant j'appris que Miſs Fanny s'étoit trouvée très-mal la nuit. Je me hâtai de paſſer à ſon appartement. Perſonne ne ſe préſentant pour m'annoncer, je traverſai la premiere piece, ouvris doucement la porte de ſa chambre, & vis le Colonel aſſis au chevet du lit de la malade. Il me fit ſigne de la main de ne pas avancer, ſe leva, vint à moi, me remena dans l'antichambre, & me dit que Miſs Fanny ſe ſentoit mieux depuis deux heures, & venoit de s'aſſoupir.

Il falloit un ſérieux à l'épreuve de tout pour le conſerver en voyant le Colonel. Enveloppé dans pluſieurs jupes de femme, l'une ſerrée ſur ſa poitrine, l'autre miſe en écharpe, une troiſieme traînante. Il avoit ſur les épaules un petit mantelet de ſatin couleur de roſe, dont le coqueluchon relevé cachoit une partie de ſon viſage, faiſoit ſortir le noir de ſon teint, & lui donnoit l'air d'une furie en habit de bal. Il me détailloit l'accident de ſa ſœur, quand jettant les yeux ſur une glace, ſurpris lui-même de ſa parure & honteux d'être vû en cet état, il s'interrompit

rompit brusquement. Morbleu, Monsieur, me dit-il, on n'entre point sans se faire annoncer, sur-tout chez une femme. Que diable allez-vous penser? Rien n'est plus simple pourtant. Ma sœur s'évanouit; sa femme-de-chambre me vient dire, Miss se meurt; j'accours demin ud; j'envoie coucher cette fille quand sa maîtresse est mieux; je reste; le matin est froid; je prends au hasard pour me couvrir tout ce qui se trouve sous ma main. Que fait cela? qu'en peuton augurer? Suis-je un petit-maître, un fat, un homme attaché aux femmes? Mort & enfer! si quelqu'un le croyoit, l'imaginoit, le disoit..... Il auroit tort, interrompis-je. Je vous proteste, Monsieur, que l'état où je vous trouve me paroît convenir à votre caractere, & répond à l'idée que je m'en étois formé. En achevant ces mots, j'ouvris la porte & m'échappai, craignant d'éclater de rire si je restois plus long-tems.

Deux heures après je vis entrer le Colonel dans ma chambre. Il me salua d'un air sombre, remit son chapeau, l'enfonça, croisa ses bras sur sa poitrine, & me regardant fixement : Monsieur, me dit-il, je viens vous demander l'explication des singuliers propos que vous m'avez tenus ce matin. Avez-vous prétendu m'insulter ? dites, Monsieur, que signifient de pareilles insinuations ? *L'état où je vous trouve me paroît convenir à votre caractere, répond à l'idée que je m'en étois formé* ; ce sont vos propres mots. Or, Monsieur, j'étois fait comme un fou, au chevet du lit d'une femme; eſt-ce là, Capitaine, *l'état* qui vous paroît *convenir* à George Maderty? Sang & furie! c'eſt au milieu des ennemis de Sa Majeſté Britannique, qu'on m'a vû *répondre* à mon caractere; c'eſt aux champs de l'honneur, où je ſuis comme il me convient d'être. Eh, qui vous dit le contraire, lui demandai-je? C'eſt vous qui le penſez, reprit-il. Vous me croyez ſans doute capable d'aimer ma ſœur avec foibleſſe, de faire mon idole d'une femme. Si Fanny étoit morte, vous auriez vû ma fermeté. Je ſuis un homme, Monſieur, je mépriſe la molleſſe, je ſuis un guerrier. Me croire ſenſible, efféminé, moi, George? Par le ciel, je ne le ſouffrirai pas. Eſt-ce ſérieuſement, Colo-

nel, répondis-je, que vous me tenez
un tel langage? Je ne plaiſante jamais, reprit-il. Ceci intéreſſe mon
honneur. Je vous eſtime; vous êtes
ami de James; nous vivons enſemble, cela mérite des égards. Vous demander une explication, c'eſt agir
ſans emportement, c'eſt ſçavoir ſe
modérer. Je ſuis charmé, Monſieur,
lui dis-je, que vous demandiez &
n'exigiez pas. Je me flatte d'être aſſez
connu pour montrer de la complaiſance, ſans me faire tort. Les motifs
allégués par vous-même m'enga-
gent à ſatisfaire votre deſir. Loin de
prétendre vous inſulter, Monſieur,
j'ai voulu vous louer. Rien ne convient mieux à un honnête, à un brave
homme, que l'humanité. Un naturel ſenſible eſt, ſelon moi, la premiere des qualités. L'homme que je

trouverai remplissant les devoirs qu'imposent le sang & l'amitié, me paroîtra toujours à sa place : à mes yeux il sera dans l'état convenable au caractere d'un homme d'honneur. Êtes-vous content, Colonel ? Oui, dit-il, si vous m'assûrez que le maudit équipage où j'étois, & ma sotte bonté pour ma sœur ne vous donnent point mauvaise opinion de la fermeté de mon esprit ; car à tout prendre, je devois endurer le froid & ne pas m'inquietter d'une femme.

Fi, Sir George ; vos idées sont folles, lui dis-je ; & si vous continuez, je croirai à mon tour que vous m'insultez. J'aime les femmes, me plais à leur être utile ; je les servirois toutes, & rirois du sauvage qui oseroit s'en formaliser. Charles XII. Roi de Suede, qui vous valoit bien, Colonel, dont vous ne mettrez, je crois, en doute ni la valeur ni la noble fierté, aima sa sœur avec tant de tendresse, qu'en apprenant sa mort il s'enferma dans sa tente, où il pleura pendant trois jours. A-t-il fait cela, dit tout attendri Sir George? eh bien, je révere le Roi de Suede; & s'il faut tout dire, mon ami, je suis sûr que sa sœur n'approchoit pas de la mienne. Pauvre petite Fanny, c'est bien la plus douce, la plus modeste, la plus charmante fille: mon Dieu, quand je l'ai vûe pâle, froide..... si je la perdois, il n'y auroit plus de bonheur pour moi dans le monde; elle est ma joie, mon plaisir, ma consolation, mes délices: oui je l'aime, j'en suis fou; mais je croyois devoir le cacher. Mon cher ami, je vous ſerai toute ma vie obligé pour m'avoir appris cette belle action du Roi de Suede. Par ma foi, elle me met bien à mon aiſe.

Quel ſot, quelle brute que ce Colonel, dit Miſs Matheus ! que trouvoit-il de ſi *charmant* à ſa ſœur ? Si elle étoit aimable alors ; depuis ſon mariage elle a donc furieuſement changé, car aſsûrément Lady Eleſmore n'eſt point une *charmante femme*. Je n'habitois plus Londres quand Sir James l'épouſa, reprit Monſieur Fenton ; je ne l'ai point revûe, & ne pourrois rien décider ſur ſon caractere : mais c'eſt qu'elle n'en a point, dit encore Miſs Matheus. Elle ne tient à rien, n'aime rien, ne préfere rien, ne ſent rien, veut tout faire, tout voir, jouir de tout. Sans choix dans le nombre infini de ſes connoiſſances, elle les cultive également, recherche tout le monde, & ne deſire perſonne. Les égards polis de la ſociété ſont ce qu'elle nomme amitié. Aucun événement ne la touche, ne l'intéreſſe. Elle ne voit dans la joie ou la douleur des autres, que la différence du compliment qu'il faut leur faire. Sans l'extrême averſion qu'elle a pour ſon mari, on ne la croiroit ſuſceptible d'aucun ſentiment. Elle hait Sir James, s'écria Monſieur Fentou? vons me ſurprenez. Oh c'eſt que tout vous étonne, reprit Miſs Matheus. Le beau ſujet de ſe récrier? Mais comment ſe peut-il, dit encore Monſieur Fenton, que vivant à Londres dans la ſolitude, comme vous me l'avez fait entendre, vous connoissiez si bien une partie de ses habitans. Miss Matheus rougit, rêva un moment; & reprenant la parole avec un peu d'humeur: Faut-il vous répéter que les questions m'ennuient, dit-elle? cessez de m'en faire, je vous prie, & poursuivez l'histoire de votre ours.

Depuis un peu de tems nous n'avions point vû le Chevalier de Jersac, même je le croyois parti, continua Monsieur Fenton, quand un jour étant seul avec Amélie, nous entendimes un cri perçant, & tout de suite des hurlemens horribles. Amélie crut avoir reconnu la voix de Fanny; elle courut à son appartement; je la suivis, & le spectacle qui s'offrit à nos yeux nous remplit de terreur & de compaſſion. Miſs Fanny étendue à terre, couverte de ſang, pâle, ſans connoiſſance, ſans reſpiration, paroiſſoit morte. Son frere à genoux près d'elle, ſanglant auſſi, s'efforçoit de la ranimer, maudiſſoit ſon ſort, meurtriſſoit ſon viſage en ſe frappant à coups redoublés. Je l'ai tuée, répétoit-il; mort & damnation ſur ma tête, je l'ai tuée; je ſuis l'aſſaſſin de ma ſœur!

Je me hâtai d'envoyer chercher du ſecours. Amélie tremblante, toute en pleurs, faiſoit reſpirer des ſels & des eaux ſpiritueuſes à Fanny. Le Colonel bleſſé de deux coups d'épée, affoibli par la perte de ſon ſang, & plus encore par la violence de la paſſion où il s'abandonnoit, tomba évanoui. Fanny revient à elle, l'apperçoit ſans mouvement, crie, ſe deſeſpere; les valets ſe raſſemblent autour de nous; tout eſt en confuſion: enfin un homme habile que j'avois demandé, arrive, viſite les bleſſures de Sir George, trouve qu'elles ne ſont point dangereuſes. Fanny ſe raſſure un peu. Ses habits ſouillés du ſang de ſon frere lui font horreur; elle ſort pour les quitter; Amélie la ſuit, & je reſte auprès de Sir George. Je lui demande alors le ſujet de ſa querelle, & par quel malheureux haſard il en avoit eu une. Jugez, Miſs, de ma ſurpriſe en apprenant qu'il vient de ſe battre avec Jerſac, & qu'Amélie eſt la cauſe de leur combat.

Ce jeune François, trop épris des

charmes dAmélie, en lui découvrant les ſentimens qu'elle lui inſpiroit, fit naître dans ſon cœur cette averſion que j'attribuois injuſtement au caprice. Plus il oſa montrer d'amour, plus il excita de haine. Maltraité, dédaigné, rébuté, ſûr que ſes viſites importunoient, il les ceſſa, réſolut de s'éloigner; mais avant de quitter Montpellier, il voulut aumoins exprimer une ſeule fois ce qu'il ſentoit. Il écrivit une lettre fort tendre à Amélie; & ſoit imprudence, légéreté, ou que les François ne rougiſſent point entre eux de ſe rendre de tels ſervices: rencontrant le Colonel Maderty à la promenade, il lui ouvrit ſon cœur, le pria de ſe charger de ſa lettre, de la donner à ma femme, & de l'aſſurer que perſonne au monde ne l'aimoit autant que lui. Sir George prit la lettre, la déchira, en jetta les morceaux au viſage du Chevalier; ils ſe battirent, ſe bleſſerent tous deux: Jerſac le fut légérement; des Anglois ſurvinrent, les ſéparerent, ramenerent le Colonel. Nous apprîmes le ſoir que Jerſac craignant pour la vie de ſon adverſaire, étoit parti une heure après cette ridicule affaire.

Le récit de Sir George m'éclaircit la conduite d'Amélie. Je ſentis avec plaiſir que je m'étois trompé en croyant découvrir un défaut en elle. J'avois penſé qu'elle pouvoit ſe livrer à l'humeur, à une injuſte prévention, ſe prévaloir de ma tendreſſe, abuſer de ma complaiſance, me réduire à cet état où vous vous plaiſez à contempler *un mari ſubjugué.* Quelle fut ma joie en perdant ces idées! L'événement du jour & ſa cauſe produiſirent une tendre explication entre nous. Je me ſuis expoſée, me dit-elle, à perdre un peu de votre affection pour conſerver toute votre eſtime. Vous ne m'avez pas montré de froideur ; mais la crainte que ma conduite ne vous en inſpirât m'a fait ſouffrir. Croyez, mon cher Jemmy....

On ne ſçait en vérité ſur quoi compter avec vous, interrompit Miſs Matheus. Tout-à-l'heure Amélie étoit capricieuſe ; à préſent c'eſt une femme prudente, & vous allez m'étourdir de vos admirations.

En vérité, Miſs, dit Monſieur

Fenton, je ſuis tenté de faire à votre égard la même réflexion. *On ne ſçait ſur quoi compter avec vous.* Comment pouvez-vous plaiſanter ſur la tendreſſe, vous, dont l'ame ſuſceptible de paſſion, devroit s'intéreſſer à tout ce qui lui offre l'image d'un ſentiment vif & délicat? Moi, Monſieur, dit-elle, plaiſanter ſur la tendreſſe? vous n'y ſongez pas; j'ai trop de ſenſibilité.... Vous pourriez vous tromper, Miſs, interrompit Monſieur Fenton: on eſt ſouvent paſſionné ſans être tendre.

Que vous me connoiſſez mal, s'écria-t-elle! J'ai cru vous connoître autrefois, dit-il; mais...N'achevez pas, Monſieur, n'achevez pas, dit Miſs Matheus; ce *mais* m'offenſe. Oui, Monſieur, je ſuis tendre, ſenſible, capable d'un grand attachement; & ſi vous en doutez, vous êtes un ingrat. Je vous ai aimé dans un tems où je devois vous plaire: je vous trouvai indifférent; cependant j'ai conſervé votre image, elle m'a toujours été chere, une autre paſſion n'a pu même détruire mes premiers ſentimens. Votre vûe les a ranimés: vous bleſſez impitoyablement mon cœur par le récit de votre paſſion pour une autre. Malgré le chagrin que j'en reſſens, je me plais à vous entendre; mais aſſûrément ce n'eſt pas Amélie qui m'intéreſſe. Elle parloit encore quand le Concierge entra, ſuivi d'un Valet chargé d'une jatte de Punch, de biſcuits de Savoye, & de quatre bougies. Tout cela poſé ſur la table, le

Valet ſe retira ; le Concierge fit une profonde révérence, ſortit & ferma la porte à double tour. L'impertinent, s'écria Miſs Matheus ! De quoi s'aviſe-t-il ? Qui lui ordonne ?.... Je vais le rappeller, dit en ſe levant Monſieur Fenton. Laiſſez, laiſſez, reprit-elle ; il eſt trop loin, il ne vous entendroit pas.

Monſieur Fenton ſe remit à ſa place ; Miſs boudoit ; il gardoit le ſilence. Elle tourna les yeux ſur lui, ſourit, & lui tendant la main : Mon ami, dit-elle, vous êtes étrange en vérité : vos actions & vos diſcours ſe démentent ſouvent ; mais n'importe, pourſuivez votre hiſtoire, & ſurtout ne peſez pas, comme vous le faites, ſur de petits événemens dont le détail ne mene à rien. Monſieur

Fenton revenoit aiſément; il baiſa la main de Miſs Matheus, & pourſuivit ainſi.

James arriva; le Colonel guérit; nous nous apprêtâmes à partir; mais Miſs Fanny s'obſtinant à voir Paris, dirigea notre route, & fit conſentir Amélie à l'y accompagner. Nous brûlions du deſir de retourner en Angleterre. Notre ſéjour à Montpellier avoit été aſſez long pour y recevoir pluſieurs fois des lettres de Londres. Nous écrivions inutilement: ni Miſtriſs Harris ni le Docteur Harriſon ne nous répondoient. En quittant Montpellier j'adreſſai des lettres au Docteur à Mansfield où je lui écrivois depuis long-tems, à ſon Prieuré & à Londres, eſpérant qu'enfin il en recevroit une & me donnetoit de ſes nouvelles. Trois jours après notre arrivée à Paris, au moment où nous nous plaignions de ſa négligence, nous le vîmes entrer dans notre chambre.

Pénétrés de joie, nous courûmes tous deux à ſa rencontre. O mon pere, nous écriâmes-nous enſemble, eſt-ce vous, eſt-ce bien vous que nous embraſſons? Oui, mes enfans, dit-il d'un ton ému, en nous rendant nos careſſes; oui, mes chers enfans, c'eſt moi. Depuis un mois j'ai voulu chaque jour vous écrire, mais mon cœur s'eſt refuſé à ce triſte office. Oui, bien triſte, en vérité, dans l'occaſion funeſte...... J'ai cru que ma préſence & mon amitié adouciroient les affligeantes nouvelles...... Dieu tout-puiſſant! que vais-je apprendre, s'écria Amélie ! Ma mere, hélas ! ne me direz-vous rien de ma mere ? qu'allez-vous m'annoncer ? Le plus grand des malheurs, reprit-il. O ma fille, vous n'avez plus de mere. O Monſieur Fenton, Amélie eſt deshéritée. Je n'ai plus de mere, s'écria douloureuſement Amélie ! ma mere eſt morte ! je ne reverrai jamais ma mere ! Sa tendreſſe pour moi, mon abſence.... ah mon Dieu, j'ai cauſé la mort de ma mere. Cette idée ſerra ſon cœur & la fit tomber ſans connoiſſance dans mes bras.

Elle ne reprit l'uſage de ſes ſens que pour jetter des cris, ſe livrer à la plus vive douleur. Je la partageois ſincérement. J'avois aimé Miſtriſs Harris, je la regrettois ; je me ſouvenois de la tendreſſe de ſes adieux : le Docteur pleuroit avec nous. Cette vile Betzy, disoit-il, a profité de votre éloignement, du mien ; elle a surpris un esprit facile à décevoir ; ce qu'elle a dit, ce qu'elle a fait, comment elle est parvenue à ses desseins, je l'ignore. Détestable hypocrite ! elle vouloit me persuader qu'elle compatissoit à votre sort. Il est encore tems de le changer, lui ai-je dit. N'usez pas du droit injuste qu'on vous donne. Elle n'a pu m'en imposer, ni voiler à mes yeux la bassesse de son ame. Puisse-t-elle trouver sa punition dans l'embarrassant amas de ces richesses dont son cœur fut toujours avide. Bon Dieu ! Comment ma cousine Harris a-t-elle pu....... Que le ciel lui pardonne.

Implorez-le pour moi, s'écria Amélie; ah, me pardonnera-t-il jamais! J'ai quitté ma mere, je l'ai chagrinée, abandonnée; j'ai rendu ſes derniers momens plus triſtes, plus douloureux: ſes regards mourans ont en vain cherché ſa fille bien-aimée. Ah, ſi du-moins j'avois fermé ſes yeux, rempli mes devoirs, adouci ſes maux!....... Q'importe qu'elle m'eût deshéritée? Elle ne m'auroit point crue ingrate, elle m'eût accordé ſes vœux, ſa bénédiction. O ma mere, ma bonne, ma tendre, ma reſpectable mere! puiſſent les cris, les gémiſſemens de mon cœur franchir l'eſpace immenſe qui nous ſépare, vous faire entendre juſques dans le ſein de Dieu, les regrets de votre malheureuſe fille.

Que ce naturel tendre & généreux, que ſes larmes, ſon déſintéreſſement rendent ſa mere coupable, me dit le Docteur ! mais la pauvre femme a été ſéduite. Une baſſe jalouſie a toujours rendu Betzy attentive à nuire à ſa ſœur. Sa tante avare & méchante lui inſpira de bonne heure un deſir effréné des richeſſes. Ces deux inhumaines parentes m'ont caché le mal & le danger de Miſtriſs Harris. Averti trop tard, elle étoit morte quand j'arrivai de Mansfield. Je trouvai votre pauvre enfant abandonné aux ſoins de ſa nourrice, expoſé à l'air de la fiévre maligne qui venoit d'emporter ma couſine. Je le pris, le careſſai ; l'innocente créature me ſourioit. Je le fis partir pour mon

Prieuré. Il y reſtera ; il y ſera toujours un hôte chéri. Alors ſe tournant vers Amélie : je ne vous dirai point de ne pas vous affliger, continua-t-il. Pleurez ma fille, pleurez, regrettez votre mere ; vous devez ces larmes à la nature, à l'amitié. Loin de les condamner, j'y mêle les miennes ; je perds une amie véritable : mais quand nous aurons cédé aux mouvemens de nos cœurs, à cette foibleſſe de notre être, qui nous attache à des objets terreſtres ; levons les yeux vers le ciel, ſoumettons-nous, plions ſous le poids dont il nous charge, & cherchons ſi ſa bonté ne nous laiſſe pas des ſujets de conſolation. Vous poſſédez encore ce mari que vous avez craint de perdre ; ſon ame s'ouvre à vos peines ;

peines ; vous êtes dans ſes bras ; il pleure, il gémit avec vous. Lui ferez-vous croire que ſa main ne peut eſſuyer vos larmes ? vous reprochez-vous la tendreſſe qui vous conduiſit près de lui ? un amour prophane vous fit-il traverſer les mers pour voler à ſon ſecours ? n'avez-vous pas dû tout quitter, tout abandonner pour ſuivre le plus ſaint des devoirs, remplir un engagement ſacré ? Ceſſez donc, ma fille, ceſſez d'aigrir votre douleur par d'ameres réflexions ſur votre conduite. Non, ma chere Amélie, non, ne vous reprochez rien. Dieu vous afflige, il ne vous punit pas. Vous êtes femme & mere ; ſongez à tout ce que vous impoſent ces deux titres. Pleurez, mais ne vous livrez point au deſeſpoir. Il vous reste un époux, un fils, un ami dont les sentimens pour vous sont vraiment paternels; & nous serrant tous deux avec tendresse: oui, mes enfans, il vous reste un ami, un tendre, un affectionné pere! mes bras & mon cœur vous sont ouverts. Perdez un tems l'idée des vaines grandeurs; oubliez le monde, ses plaisirs, son tumulte, ses séduisantes erreurs; venez jouir de vous-mêmes dans ma paisible retraite; votre amour mutuel & vos vertus vous rendront heureux. Partagez tout ce que je tiens de la bonté du ciel. S'adressant ensuite à moi, prenant mes mains, les pressant dans les siennes: Pardon, Monsieur Fenton, pardon, me dit-il; votre cœur est trop sensible pour mal juger des mouvemens du mien. Peut-être plus d'égards, plus de ménagemens conviendroient mieux à l'occaſion ; mais mon zèle, mais mon amitié pourroient-ils vous offenſer? C'eſt à ma parente, c'eſt à ma fille que j'oſe offrir un aſile & des ſecours. Je vous aime, je vous eſtime, & n'ai pas mérité qu'un mépriſant refus ſoit le prix de mon ſincere attachement.

Non, mon généreux ami, m'écriai-je, pénétré de reconnoiſſance, non, je ne refuſerai pas cet aſile, ſi noblement offert. Les dons de la tendre humanité ne peuvent humilier qu'un ingrat. Le nom de votre fils m'honore, vos bontés me touchent. Non je ne rougirai point d'accepter vos ſecours, pour Amélie, pour moi.

O mon pere ! je tiens de vos mains cette femme adorée ; hélas, le moment eſt arrivé où mon cœur devoit gémir, ſe reprocher ſon bonheur ! Que n'ai-je eu la force de la fuir, de réſiſter à mes deſirs ? pourquoi, ah pourquoi l'ai-je aſſociée à mon infortune ? Amélie, ma chere Amélie ; c'eſt moi, c'eſt mon fatal amour qui t'a perdue !

Elle cacha ſon viſage dans le ſein du Docteur qui la tenoit embraſſée, & s'efforçant de retenir ſes pleurs, d'interrompre ſes gémiſſemens: Mon digne ami, mon pere, mon ſeul appui, dit-elle, pour mettre le comble à vos bontés, à mes obligations, ne ſouffrez pas que cet homme trop ſenſible déchire mon cœur en s'accuſant de mes larmes. Sa main eſt le premier de vos bienfaits, il me ſera toujours le plus cher. Alors quittant les bras du Docteur & ſe jettant dans les miens: O Monſieur Fenton, me dit-elle, ce n'eſt plus une riche héritiere qui s'eſt donnée à vous; l'aiſance & l'éclat ne me ſuivent plus. Ma fortune eſt détruite; mes eſpérances ſont évanouies; Amélie ſeule eſt votre partage; elle croyoit vous faire un ſort brillant, ſon attente eſt trompée. A préſent recevez-la, pauvre, dénuée de tout, dépouillée des biens qui la firent rechercher. Recevez-la, conſolez-la, chériſſez-la; dites comme elle, dites avec elle, je poſſede en toi tout ce que mon cœur deſire.

Je mis un genoux en terre devant elle. Je le jure à tes pieds, lui dis-je, j'en prends à témoin le ciel, l'homme eſtimable qui m'entend. Oui, *je poſſede en toi tout ce que mon cœur deſire*, tout ce qui peut exciter mes vœux, faire à jamais mon bonheur, les délices de ma vie. O mon Amélie, détourne tes regards de nos pertes ; contemple les tréſors qui nous reſtent! Tes ſentimens, les miens, cet ami généreux, un gage précieux de notre amour, le tems, une fortune encore éloignée, mais dont le retour eſt certain. Calme toi ; ſéche tes pleurs ; uniſſons-nous pour remercier notre tendre protecteur : reconnoiſſons ſes bontés en lui prouvant qu'elles ne ſont point infructueuſes, que nous les ſentons & qu'elles nous conſolent.

Ce jour ſe paſſa tout entier dans

les larmes & les plus douloureuſes réflexions. Nos chagrins s'aigrirent encore le lendemain, en apprenant du Doĉteur que nous allions le perdre pour deux ans.

Je me ſuis engagé, nous dit-il, à accompagner le fils de Milord Mansfield dans ſes voyages. Il eſt mon parent. Son pere n'oſoit me propoſer de prendre un ſoin dont il alloit charger un homme incapable de s'en acquitter. J'ai examiné cet enfant pendant mon ſéjour à Mansfield; mille qualités heureuſes qui le doivent diſtinguer, déjà preſque étouffées par la flatterie, m'ont fait remarquer avec douleur, combien on s'applique peu à cultiver le germe du bien dans un jeune cœur, négligence cruelle & trop commune. On peut former des hommes, on ne daigne pas le vouloir. Nous nous élevons mal. Nous ſemblons prendre plaiſir à perpétuer nos travers, nos erreurs. On diroit qu'un pere craint de voir ſon fils plus ſenſé, plus vertueux, plus utile à la ſociété qu'il ne l'a été lui-même. On n'entretient le fils d'un grand que des honneurs qui l'attendent. On lui montre dans l'éloignement un bonheur frivole, des plaiſirs paſſagers, de vains amuſemens ; & perſonne ne lui dit qu'un homme deſtiné à de grands emplois, à tenir en ſes mains la joie ou le malheur d'une foule de citoyens, doit étudier, connoître l'humanité, doit converſer avec les humains. On lui apprend à commander, on ne lui enſeigne point à être juste. De vils complaisans, espérant s'enrichir par ses vices, éloignent de lui l'homme de bien qui l'en feroit rougir. On se plaint que les grands sont durs ; eh comment deviendroient-ils sensibles, on leur cache qu'il est des malheureux ! Ils en sont & ne le sçavent pas ; comme les enfans, ils sont cruels, parce qu'ils n'ont point senti la douleur.

Mes principes, mon amitié pour Milord Mansfield, le bien de ceux qui dépendront un jour de ce jeune homme, m'ont déterminé, continua le Docteur, à consacrer deux ans de ma vie à l'instruire, à le guider, à lui donner une juste idée des autres & de lui-même. J'allois le mener en Italie. L'événement qui cause votre douleur m'a fait changer mes difpofitions. Je fuis venu à vous ; vous m'avez paru mériter mes premiers foins. Ma parole m'engage à retourner promptement, & je vais vous quitter. Voici le plan que j'ai formé. Vous vous rendrez tous deux à mon Prieuré. Mes ordres font donnés. Vous y ferez les maîtres. Monfieur Fenton ne fongera point à s'avancer dans le fervice jufqu'à mon retour. Vous trouverez un logement commode, une table fuffifante, des jardins délicieux. Si vous êtes modérés, vous ferez heureux. J'exige d'Amélie qu'elle ne voye point fon inhumaine fœur. Je vous en prie, mes amis, que cette odieufe Betzy n'entre point dans ma maifon. Elle a une terre à trois milles de moi, je fouhaite qu'elle ne l'habite jamais pendant ma vie. Pardonnez-lui du fond du cœur, mais ne la voyez point.

Amélie s'engagea de lui obéir. Nous voulûmes lui renouveller les marques de notre ſenſibilité, lui rendre de nouvelles graces ; il ne le permit pas. Recevoir les ſervices d'un ami, nous dit-il, c'eſt l'eſtimer ; l'en remercier, c'eſt douter du plaiſir qu'il ſent à nous obliger. Adieu mes chers, mes bien-aimés enfans ; embraſſez-moi ; conſolez-vous, ſoyez toujours vertueux. Je vous écrirai ; vous m'occuperez ſans ceſſe ; ne m'oubliez pas. Tant que je reſpire vous avez un parent, un ami. Alors il nous recommanda l'un à l'autre & tous deux à la protection du ciel. Enſuite il s'arracha de nos bras, &

nous laiſſa pénétrés de tendreſſe, de reſpect, de reconnoiſſance, & ſi touchés de le voir s'éloigner, que nous reſtâmes Amélie & moi dans un triſte ſilence, retenant nos larmes, n'oſant nous regarder, chacun de nous craignant d'augmenter la douleur de l'autre en laiſſant éclater la ſienne.

Le deuil d'Amélie & ſa profonde affliction ne lui permettoient plus de ſe livrer aux amuſemens qui retenoient Miſs Fanny à Paris. Je fis agréer à Sir James une ſéparation que les circonſtances rendoient néceſſaire. Nous partîmes Amélie & moi. Arrivée à Londres, elle envoya faire des complimens à ſa ſœur, & lui demander ſes habits, ſon linge & ſes pierreries. Ce fut avec peine que Miſs Betzy conſentit à rendre une partie de ce que ſa ſœur réclamoit. Miſtriſs Morgan & elle refuſerent les diamans, & ſoutinrent que Miſtriſs Harris en avoit diſpoſé, offrant de prouver qu'ils ne s'étoient point trouvés parmi ſes effets : cette affaire terminée, nous nous rendîmes au Prieuré du Doſteur Harriſon.

Une habitation riante, d'agréables voiſins, une immenſe bibliotheque, de belles campagnes, une paſſion toujours vive, que le caractere d'Amélie & les graces de ſa perſonne entretenoient, ranimoient à chaque inſtant, me firent bientôt oublier tout le reſte du monde. Où s'égareroient nos deſirs, quand l'objet qui peut ſeul les fixer eſt ſans ceſſe préſent à nos yeux ! Je vous ennuierois ſans doute, Miſs, ſi je vous faiſois le détail d'une vie tranquille, uniforme, des amuſemens champêtres qui charmoient nos loiſirs. Mes jours paiſibles comme une mer calme....... Eh ſi, interrompit Miſs Matheus, quelle triſte image ! une mer calme & l'ennui ſe peignent enſemble à mon idée. Je le crois, reprit Monſieur Fenton ; il eſt des biens qu'il faut goûter pour les apprécier. Un bonheur dont on jouit ſans pouvoir en définir l'agrément, on le ſent, Miſs, on ne l'exprime point. Le mien fut troublé par la réforme que la paix occaſionna. Ma compagnie s'y trouva compriſe. Cette partie de mon revenu ſe réduiſit à moitié, ſuivant l'uſage. Cet événement ne put me chagriner long-tems, parce qu'il conſola Amélie de tous ſes malheurs.

Elle en reçut la nouvelle avec tranſport. Mon cœur eſt ſoulagé de la plus vive de ſes peines, me dit-elle, vous ne me quitterez plus; je ne craindrai plus pour vos jours; vous fixez mes deſirs; mes vœux ne s'étendent point au-delà du plaiſir de vous voir, de vous entendre, de vous aimer, de vous plaire; je jouirai ſans interruption de ma félicité; vos abſences & mes allarmes n'en troubleront plus le cours: ah mon cher Jemmy, pourriez-vous regarder comme une diſgrace ce qui va répandre l'agrément ſur tous les inſtans de ma vie!

Deux années s'écoulerent rapidement dans cette douce ſituation. Nos ſouhaits ſe bornoient à revoir le Doctteur Harriſon. Sa préſence pouvoit ſeule accroître notre bonheur. Nous ſerions encore unis & heureux ſans l'arrivée de Miſs Betzy. Elle ſe rendit il y a deux mois à cette terre qu'elle poſſede, à trois milles de la demeure du Docteur Harriſon. Le naturel tendre d'Amélie, ſon cœur honnête la portoit à excuſer ſa ſœur, à rejetter ſur Miſtriſs Morgan l'injuſtice du teſtament de ſa mere. Elle ne croyoit point Betzy auſſi intéreſſée, auſſi vile que notre ami l'avoit repréſentée, & ne regardoit pas ſa défenſe comme une raiſon d'éviter la préſence de ſa ſœur. Elle ſouffroit de ne la point voir. Enfin elle ſe détermina à lui faire une visite. Je voulus la détourner de ce dessein ; elle en étoit occupée. Je cessai de m'y opposer; mais je la vis partir avec chagrin, & ne pus vaincre la répugnance qui m'empêcha de l'accompagner.

Betzy à la vûe de sa sœur, montra d'abord de l'embarras & de la surprise. Elle la reçut avec froideur ; mais s'animant insensiblement, elle perça le cœur d'Amélie de mille traits douloureux, en l'assurant que son mariage, sa tendresse pour moi & son voyage à Gibraltar avoient causé la mort de sa mere. Comment avez-vous pu penser, ma sœur, lui dit-elle, que ma mere vous pardonneroit jamais dans le fond de son cœur ? Elle conservoit un ressentiment dont votre passion ne vous permettoit pas de vous appercevoir. L'amour ſeul vous occupoit alors. Avec quelle cruauté vous quittâtes une ſi bonne mere! quelle indifférence! ne pas ſeulement lui écrire...... Quoi, dit Amélie, ma mere ne reçut point mes lettres? Non aſsûrément elle n'en reçut aucunes,. repliqua Miſs Betzy. Ses craintes, ſes allarmes, allumerent dans ſon ſang cette fiévre dont la malignité...... Mais ne renouvellons point nos douleurs. Votre mari m'eſt odieux; ſans lui je goûterois encore la douceur d'avoir une tendre mere. Ah Miſs Amélie, Miſs Amélie, quel choix a été le vôtre? Quel éclat, quelles grandeurs vous étoient deſtinés? que de regrets la réflexion doit élever dans votre cœur! vous la femme d'un Officier réformé ? vous vivre aux dépens de l'extravagant ami qui, en arrachant le consentement de ma mere, vous a plongée dans cet abyme ? Je vous plains ; je partagerois avec vous ma fortune, si l'homme que vous avez préféré à votre mere, à vos parens, & à vos propres avantages, ne devoit profiter des bienfaits que je me plairois à répandre sur vous.

Des bienfaits, répéta Amélie d'un ton plein de fierté ! ni lui ni moi ne daignerions en recevoir de vous. Rien ne peut me consoler d'avoir affligé ma mere ; mais loin de me repentir de mon choix, je chéris mon partage & le préfere à tout. Je desirois votre amitié & non pas vos secours. Croyez-moi, Betzy, je méprise cette fortune que vous pensez capable d'exciter mes regrets. Peut-être ne sentirez-vous jamais au milieu de l'abondance les douceurs que j'éprouve dans ma misere. Je ne voudrois pas changer de situation avec vous; & malgré votre offensante pitié, je souhaite, ma sœur, que vos jours soient aussi heureux que les miens. En achevant ces mots elle sortit, fâchée d'avoir négligé l'avis du Docteur, & déterminée à ne plus voir Betzy.

Le récit de cette conversation me fit haïr cette fille cruelle. Je ne pus lui pardonner de s'être plu à chagriner sa sœur, à réveiller dans son ame un sentiment douloureux que le tems commençoit à affoiblir. Je vis une partie de ses artifices. Si Mistriſs Harris n'avoit point reçu nos lettres, ce ne pouvoit être que par l'attention de Betzy à s'en ſaiſir, à les ſouſtraire à ſa connoiſſance, afin de lui perſuader qu'Amélie la négligeoit. J'étois encore rempli de ces idées, quand le haſard me fit rencontrer Betzy chez Lady Denzib. Elle rougit en me voyant entrer, ſe déconcerta ; je m'en apperçus, je me fis un plaiſir malin d'augmenter ſon embarras, en lui parlant familierement comme ſi notre intelligence n'eût point été interrompue. Elle montra de l'humeur, je plaiſantai. Elle s'aigrit, je continuai. Elle me bruſqua, je ris. Elle me dit des duretés, je raillai, laiſſai échapper des traits piquans. Enfin elle éclata en injures, ſe leva, vint à moi furieuſe, on la retint ; elle ſortit en menaçant de ſe venger, & jurant de me faire repentir de mon audace.

Trois jours après cette ridicule ſcene, un ancien Valet de Miſtriſs Harris, qui chaſſé par Betzy, ſervoit alors le Chevalier Camply, Jugede paix du voiſinage, vint avertir Amélie que ſa ſœur auroit le lendemain un ordre de me faire arrêter pour ſix cens guinées dont j'étois redevable à la ſucceſſion de ſa mere. Miſtriſs Harris m'avoit en effet donné cette ſomme la veille de mon départ pour Gibraltar ; mais il me paroiſſoit impoſſible qu'elle eût gardé la note d'un prêt dont elle refuſa de prendre des ſûretés. Cependant cet homme aſſûrant qu'un écrit de moi, conſtatant la dette, étoit chez ſon maître, il rappella à ma mémoire ce billet que Miſtriſs Harris ne voulut point recevoir, qu'elle me jetta tout chiffonné, qui tomba & ne put ſe retrouver. Je ne doutai plus que Betzy ne s'en fût ſaiſie & ne l'eût conſervé dans le deſſein de l'employer un jour à ſon avantage.

En ce moment je ne pouvois ſatisfaire à ſa demande. Elle alloit me pourſuivre à la rigueur. Je ne me ſentois point diſpoſé à fléchir, à employer la médiation auprès d'elle. M'enfermer, lui donner le plaiſir de me contraindre, de me faire une priſon de ma demeure, de s'applaudir de la mortification qu'elle me cauſeroit, c'étoit pour moi le plus ſenſible des chagrins. Sir Rowland conduit à Londres par une affaire qu'il suivoit à la chancellerie, devoit y être actuellement. Un besoin pressant éleve mille idées dans notre esprit, nous fait former des projets, rappelle une foule de circonstances dont il semble que nous pouvons profiter. Mon avare parent s'étoit formellement engagé à une avance annuelle pour l'entretien de ma sœur. Il ne devoit la retirer qu'à l'expiration du bail de mes terres. J'imaginai que débarrassé du soin de ma sœur, il pourroit consentir à m'aider dans ma situation présente. Cette espérance peu fondée, incertaine, mais unique, me détermina à partir pour Londres. Il me restoit une difficulté à vaincre; comment faire approuver ce dessein à Amélie? Je n'osois lui proposer une séparation

paration qui devoit l'affliger, lui ravir le ſeul bien, le ſeul plaiſir qui lui reſtoit. Cette dure néceſſité me remit ſous les yeux tous les maux que j'avois attirés ſur elle, tout le bonheur dont elle auroit joui ſans moi. Hélas! mon amour a été pour elle la ſource d'une ſuite de diſgraces, d'humiliations, de dégoûts, d'amertumes...Et par où méritois-je de lui plaire? qu'ai-je fait? d'où vient qu'elle m'a choiſi, qu'elle m'a tant ſacrifié? Aimable, vertueuſe, belle, charmante! elle honoreroit le premier rang. Cachée, inconnue, ce mérite éminent ne brille qu'aux yeux du malheureux qui l'a réduite à cette triſte obſcurité.... Pardon, Miſs, pardon, mon cœur oppreſſé...

Allez-vous pleurer, Monſieur, dit

Miſs Matheus? eſt-ce auprès d'une femme qui vous aime, vous l'aſſure, vous le prouve, que vous devez vous livrer à ces puériles, à ces déſobligeantes réflexions? Quoi, ne puis-je diſſiper vos chagrins, vous faire oublier un inſtant.... Oublier, répéta Monſieur Fenton! qui oublier? Amélie! Oh non, Miſs, non. Je vous tromperois ſi j'oſois vous promettre...... Odieuſe ſincérité, s'écria Miſs Matheus! Eh trompez-moi, Monſieur, trompez-moi & ne m'impatientez pas; votre récit m'excede; de la vie on ne conta avec tant de maladreſſe.

Heureuſement, Miſs, il ne me reſte preſque plus rien à vous dire, continua Monſieur Fenton: mon voyage fut réſolu; je pris un habit très-ſimple, partis la nuit ſur un fort bon cheval, & vins juſqu'à Waltham ſans faire aucune mauvaiſe rencontre. Avant de gagner le lieu où je voulois me repoſer, je me vis arrêté par quatre miſérables, bien montés, bien armés, qui me demanderent la bourſe. Je n'avois qu'un couteau de chaſſe. Je ne jugeai pas à propos de conteſter avec des gens qui me couchoient en joue. Deux me fouillerent, un troiſieme tenoit la bride de mon cheval, & le dernier s'occupoit à couper les cordes qui lioient mon portemanteau, quand les cris & la vûe d'une troupe de payſans les obligea de fuir avec vîteſſe, emportant ma montre, mon argent, & maudiſſant le mal-adroit dont la lenteur me laiſſoit mon porte-manteau. Une demi-guinée échappée à leurs recherches ou tombée de leurs mains me conduiſit à Londres. J'arrêtai un logement dans la Verge de la Cour *, écrivis à Amélie, & ſortis pour me rendre chez Sir Rowland. J'eus le chagrin ſenſible d'apprendre qu'il venoit de partir. Je paſſai à la demeure de James; il étoit en campagne. Je retournois triſtement à mon logis, quand je rencontrai le Capitaine Tanger, une de mes anciennes connoiſſances. Il m'entraîna aux armes du Roi, m'y donna à ſouper, & m'apprit qu'il étoit protégé, marié, & fort heureux. Je l'en félicitai. Nous nous ſéparâmes à mi-

* Lieu privilégié où l'on ne peut être arrêté pour dettes.

nuit. Je regagnois la Verge de la Cour, quand les cris d'un homme m'attirerent à ſon ſecours. On m'arrêta. Peut-être ai-je un peu maltraité le Watch-man qui m'avoit ſaiſi ; mais cela ne méritoit pas le ridicule arrêt de Monſieur Herbert. Amélie ignore ma détention. Je voulois lui écrire hier ; mais ma main ſe refuſa......... un ſentiment ſecret... des remords... Ah, qu'ai-je fait!.... devois-je..... pourquoi l'ai-je quittée! Monſieur Fenton ſe tut, baiſſa les yeux. Malgré ſes efforts, des larmes s'ouvrirent un paſſage. Miſs Matheus jugeant qu'en ſe plaignant de lui elle augmenteroit cet accès de triſteſſe, trouva plus à propos de le diſſiper par de tendres careſſes. Elle parvint inſenſiblement à faire ſuccéder des idées plus agréables à celles qui l'occupoient ; & par ces ménagemens doux & adroits, le calme ſe rétablit entr'eux, & dura ſans interruption juſqu'au lendemain matin.

Six jours ſe paſſerent encore ſans amener aucun changement dans leurs affaires ou dans leur conduite. Monſieur Fenton devenoit ſeulement plus triſte, & Miſs Matheus plus paſſionnée. Le ſeptieme on apporta une lettre à Miſs. Elle l'ouvrit, la lut, ſans marquer qu'elle l'affectât beaucoup ; examina un papier qui y étoit renfermé, & dit enſuite à Monſieur Fenton, que Summers ſe trouvant hors de danger, elle alloit être cautionnée & recouvrer ſa liberté. Son ami l'en félicita.

Que vous êtes cruel, lui dit-elle d'un ton chagrin! ce compliment prouve bien le peu de progrès que j'ai fait ſur votre cœur. Le ſouvenir d'une femme dont la poſſeſſion vous eſt aſſurée devroit-il vous rendre inſenſible à l'amour de celle que rien n'oblige à vous aimer, dont le cœur vous préfere? Quoi, me verriez-vous partir ſans regret? oui, j'en ſuis trop sûre, ingrat, vous ne penſez qu'à Amélie? Amélie vous occupe toujours: ah qu'elle ne murmure jamais contre ſon deſtin; elle eſt bien dédommagée de la perte de ſa fortune par l'avantage de vous plaire, d'être aimée, adorée de vous! Eh qui n'eût pas choiſi comme elle! quelle femme pouvant être à vous n'eût pas dédaigné tous les biens du monde, ne les eût pas méprisés pour le plus grand de tous! que peut-on regretter en vous possédant, en fixant vos desirs! quel mérite Amélie a-t-elle à vous aimer?

Puis-je attendre de vous une faveur, Miss, dit Monsieur Fenton. Au nom du ciel, ne parlez point d'Amélie, ne prononcez jamais le nom d'Amélie. Je cesserois de me plaindre de vous, reprit-elle, si plus d'empressement, plus de soin de me plaire m'aidoient à interpréter favorablement cette priere. Assûrément, interrompit brusquement Monsieur Fenton, vous ne pouvez exiger, vous ne pouvez même souhaiter un pareil sacrifice. Eh, depuis quand, reprit-elle, borne-t-on les souhaits de l'amour? Qui peut arrêter mes desirs? Ne vous ai-je point aimé dans un tems où vous étiez libre; mes droits ne sont-ils pas aussi anciens que ceux d'Amélie? mes sentimens aussi vifs, ma personne aussi agréable? Si les sacrifices qu'elle vous a faits vous lient si fortement à elle, je puis vous en faire à mon tour. Je ne suis pas sans amis; on me desire, on me recherche, Monsieur, plus d'un cœur est sous ma loi; & prenant la lettre qu'elle venoit de recevoir, & l'ouvrant de façon à ne pas en laisser examiner l'écriture, elle lut à Monsieur Fenton ce qui suit.

Chere adorable Miss.

« Je viens d'apprendre, en arri-
» vant de la campagne, l'événe-
» nement qui vous retient à New-

» gate. J'admire votre courage ; » mais mon cœur ne ſupporte point » la douleur de penſer que vous » n'avez pas daigné m'inſtruire de » votre malheur. J'aurois couru vous » délivrer moi-même, ſi la rigueur » avec laquelle vous me traitâtes » toujours, ne m'eût rendu timide » dans mes démarches. J'ai craint » de paroître peu généreux en ſai- » ſiſſant l'occaſion de m'offrir de- » vant vous ſous le titre de protec- » teur ; moi qui borne tous mes » vœux à m'y montrer comme un » amant ſoumis. J'ai vû Summers ; » il va bien ; vous ſerez cautionnée » aujourd'hui. Mon homme-d'affaire » a mes ordres, il ira prendre les » vôtres. Un carroſſe à moi vous » attendra & vous conduira où vous

» voudrez aller. Acceptez mes ſoins
» avec plaiſir ; ils ſeront trop payés.

On a joint à cette lettre un billet de deux cent livres ſterling, continua Miſs Matheus, je ne l'accepterois pas ; mais ma fierté cede au deſir de vous être utile. Prenez ce billet........ Moi, s'écria Monſieur Fenton ! vous n'y ſongez pas, Miſs ; je proteſte que jamais... Un homme que l'on introduiſit dans la chambre interrompit Fenton, cet homme étoit celui dont la lettre parloit. Il préſenta à Miſs l'ordre de ſa liberté, & l'avertit qu'un carroſſe attendoit ſa commodité. Le Concierge parut auſſi-tôt ſon mémoire à la main. Il l'avoit reglé en conſéquence du calcul de l'argent qu'il lui ſuppoſoit.

Miſs remercia la perſonne qui venoit d'apporter l'ordre, la pria d'emmener le carroſſe, ne voulant pas donner à ſa ſortie un air de triomphe. Cet homme ſe retira. Elle pria Monſieur Fenton de l'attendre, ſortit dans le corridor avec le Concierge, paya ſans examen ſa dépenſe & celle de Monſieur Fenton; enſuite elle lui demanda s'il étoit impoſſible de le faire ſortir avant la fin du jour.

Impoſſible, Madame, dit le Concierge, en regardant ce qui reſtoit dans ſa bourſe, non aſsûrement, & ſi vous voulez..... Combien avez-vous là de guinées? Dix ou douze, répondit-elle. C'eſt bien peu, reprit-il; mais pour vous obliger je ferai enſorte...... Donnez-moi dix guinées

nées & j'irai voir.... Je tâcherai..... Il faut abſolument me ſervir, interrompit Miſs; & lui montrant le billet de banque, voilà deux cent guinées, ajouta-t-elle, je les donnerois pour dégager mon ami. Deux cent guinées, répéta le Concierge, déſolé de n'avoir pas ſçu plûtôt combien elle poſſédoit : deux cent ! ah, fi, ce ſeroit beaucoup trop; mais voyons. Ce que je demandois, c'étoit ſeulement pour l'Avocat : & comptant par ſes doigts ; dix pieces pour l'Avocat, donc, dit-il. Monſieur Herbert, rien. Diable, un Juge ne prend jamais rien ; mais il faut payer cher ſon Clerc. Vingt pieces pour le Clerc ; cinq au Connétable ; cinq au Watch-man. Il lui en faudroit moins ; mais ſa lanterne eſt caſſée, il a été battu ; cinq pour ceux qui l'ont aidé à prendre Monsieur Fenton, & cinq pour ma peine, cela fait cinquante. Ma foi, c'est vous en tirer à bon marché. Prenez le billet, dit Miss ; payez, hâtez-vous, & afin de gagner du tems, faites-nous servir à diner. Vous aurez votre ordre avec le caffé, répondit le Concierge. Il sortit. Elle rentra. On servit, & elle se mit à table avec Monsieur Fenton.

Le Concierge fut exact. Il mit quarante-cinq guinées dans sa poche, eut l'ordre pour cinq, & le donna à Miss Matheus à la fin du dîner, avec cent cinquante pieces qui lui revenoient sur son billet. Elle demanda une voiture de place, & restée seule avec Monsieur Fenton, elle lui annonça qu'il étoit libre & ſortiroit à l'inſtant. Il parut ſurpris. M'avez-vous crue capable de vous abandonner dans cet horrible lieu, lui dit-elle ? mais quoi, vous ſemblez confus, plûtôt accablé que ſatisfait de mes ſoins ; comment dois-je interpréter le trouble & l'embarras que vous me laiſſez voir ? expliquez-vous, parlez. Il alloit répondre, quand le Concierge vint avertir Miſs qu'un carroſſe l'attendoit ; & Monſieur Fenton, qu'une perſonne paroiſſoit très-empreſſée à le voir. Auſſitôt une voix douce, ſonore, ſe fit entendre. Où eſt-il ? où eſt-il donc ? montrez-moi vîte où il eſt, répétoit cette voix. Monſieur Fenton pâlit ; Miſs Matheus frémit ; le Concierge s'étonna, ſortit & revint, introduisant la personne qui cherchoit Monsieur Fenton. Elle entra, poussa un cri, courut à lui & se jetta dans ses bras. On verra dans la troisieme & derniere Partie qui étoit cette personne, & quel intérêt la conduisoit à Newgate.

Fin de la seconde Partie.

www.ingramcontent.com/pod-product-compliance
Ingram Content Group UK Ltd.
Pitfield, Milton Keynes, MK11 3LW, UK
UKHW022058260726
13993UKWH00001B/184